고려시화총서 ❷

역주 白雲小說
백운소설

고려시화총서 ❷

역주
白雲小說
백운소설

이규보 지음 / 박성규 역주

보고사

차 례

▣ 『백운소설(白雲小說)』에 대하여 / 7
▣ 일러두기 / 13

백운소설 白雲小說 ·· 15

▣ 찾아보기 / 133

『백운소설(白雲小說)』에 대하여

1

『백운소설』은 이규보(李奎報, 1168~1241)가 편찬한 시화집이다. 그러나 『백운소설』이 이규보가 편찬한 것인지, 아니면 홍만종 같은 후대의 문인이 이규보의 문집에서 시화와 관련된 내용들을 따로 떼어내어 이규보의 이름으로 세상에 소개한 것인지 그 진위를 가리는 문제가 대두되고 있다. 이규보의 편찬서라고 주장하는 사람들은 이규보의 호가 백운이고, 『백운소설』속에 실려 있는 내용의 대부분이 이규보의 문집인 『동국이상국집(東國李相國集)』에 실려 있는 것을 전재(轉載)한 것이기 때문에 일반적으로 이규보의 시화집으로 간주할 수밖에 없다는 것이다. 그러나 누군가에 의해 그의 이름을 빌려 만들어진 것으로 보는 사람들이 적지 않다. 『백운소설』이 조선 후기의 문인인 홍만종(洪萬宗, 1643~1725)이 편찬한 시화집 『시화총림(詩話叢林)』(4권 4책) 제 1권 첫머리에 처음으로 등장하였고, 『백운소설』속에서 이규보 생존 시기보다 훨씬 뒤에 출간된 중국의 책이 언급되고 있으며, 이규보의 문학을 적극적으로 추종하고 옹호했던 최자가 자신이 편찬한『보한집(補閑集)』에 서『백운소설』에 대하여 일언반구도 언급하지 않은 것을 예거하며 이 시화집이 이규보가 직접 편찬한 것으로 보기는 어렵다고 한다. 그러나『백운소설』이 이규보가 편찬한 것인가에 대한 진안(眞贋) 여부는 몇 가지의 단편적인 증거 제시로 단언하기는 어렵다. 왜냐 하면 이규보의 편찬서가 아니라는 사실을 확신케 하는 몇 가지의 부정적인 요소들을 감안하더라도 그 책속에서 이규보의 창작경향 을 충실하게 반영하고 있고, 당대에 이규보와 같은 신진 문사들에 의해서 새롭게 제기된 문기론(文氣論)과 신의론(新意論)을 의도적 으로 부각시켜 고려 중기 문학의 정체성을 강조하려고 한 것을 보 면 이규보의 이름을 내세워 간행될 만한 책이라고 볼 수 있기 때문 이다. 요즈음도 한 연구자가 남긴 연구업적을 후학이나 관심 있는 사람들이 새롭게 정리하여 원래 연구자의 이름으로 책을 간행하는 예를 볼 수 있는 것처럼 이규보의 문집 속에서 문학론에 관한 정채 로운 부분들을 발췌해서 그의 이름으로 시화집을 출간하는 것도 가능한 일이라고 본다.

2

이규보는 고려 중기의 기점이 되는 1170년보다 두 해 먼저 태어 났다. 그가 출생했던 당시는 고려 전기 귀족 중심 정치가 지나치 게 방만해져 많은 문제점들을 드러내고 있었으므로 정치적 변화 가 절실히 요구되던 시점이었다. 이러한 변화는 엉뚱하게도 무인들에 의해서 1170년 군사쿠데타라는 왜곡된 방법을 통하여 이루어졌다. 이때 이규보는 어린 유아라서 그 당시의 충격적이고 살벌한 분위기를 전혀 감지하지 못했지만 이 사건이 그의 일생의 향방을 정하는 일대사건이었음은 그의 생애를 통해서 확인할 수 있다. 이규보는 반문명적이고 서슬이 퍼런 무인지배시대에 태어나 감수성이 예민한 청소년기를 살아가면서 시대를 고뇌하며 방황하였다. 그가 현실 진출의 디딤돌인 과거에 응시하는 것에 대해서 소극적인 태도를 취했고, 26세에 역사시「동명왕편」을 지어 우리 역사의 문명성을 강조하는 등 부조리한 무인지배체제에 대해 부정적인 자세를 잃지 않았다. 그러나 당시에 관직에 진출하지 않으면 호구지책을 마련할 길이 없다는 엄연한 현실에 직면하고는 자의반 타의반으로 당대 정치현실에 기부(寄附)할 수밖에 없었다. 그가 35세가 되던 해 12월에 경주에서 일어난 민란을 진압하는 정부군에 병마록사 겸 수제(兵馬錄事兼修製)의 자격을 얻어 자원입대함으로써 문하시랑평장사(門下侍郎平章事)라는 재상의 자리에 올라 은퇴하기까지 거의 40년에 가까운 공직생활이 시작되었다. 그가 관료로 활동했던 당시에 무인들이 교묘한 방법으로 문신들을 통제해 나갔으므로 뜻있는 문신들조차도 저항의 깃발을 치켜들기가 불가능했던 현실에서 이규보라고 해서 예외일 수는 없었다. 오히려 다른 문인들과 마찬가지로 무인들의 정치체제에 동조하고 그들의 왜곡된 문예의식을 조장하는 데에 적극적인 자세를 취하기도 했다. 그러나 그는 늘 역사에 대한 문명적 시각을 가지고 사물에 깃든 진리를 올바로 성찰하려고 고심했기 때문에 반문명적인 무인들을 추종하고 긍정하는 데에 함몰될 수 없었다. 이러한 사실은 그의 생애에 걸쳐 남긴 2100수에 가까운 시와 많은 문제작으로 이루어진 산문들에서 자제력을 잃지 않으면서 은밀하면서도 우회적인 방법으로 부조리한 현실을 비판·풍자하고 있는 것에서 확인할 수 있다. 지금 연구자들의 시각에 따라서 그에 대한 평가가 극명하게 엇갈릴 수 있지만, 그를 단순히 중세의 아부지성(阿附知性)으로만 규정하기는 어려운 이유가 바로 거기에 있다.

3

『백운소설』은 모두 31개 항목으로 구성되어 있다. 그 31개 항목 가운데서 그의 문집에 실려 있는 것을 전재(轉載)하고 있거나 그의 문학과 관련된 내용으로 이루어진 항목이 26개에 해당되므로 『백운소설』이 대부분 이규보의 문학에 관한 얘기로 채워져 있다고 해도 과언이 아니다.

『백운소설』에 실려 있는 31개 항목은 시론(詩論), 시평(詩評), 시와 관련된 일화 등으로 이루어져 있어 내용상으로 보면 순수 시화집으로 간주할 수 있다. 『백운소설』 속에서 이규보의 문학에 대한 다양한 생각과 시각을 소개하고 있지만 그 중에서도 주목할 것은 이규보의 시론에 해당되는 시구불의체(詩九不宜體)와 신의론(新意論)이다. 앞의 것은 시 창작방법에 관한 것이고, 뒤의 것은 시 내용에 관한 것이다. 시구불의체에서 재귀영거체(載鬼盈車體)

는 시 창작에 있어 독창성을 강조하였고, 졸도이금체(拙盜易擒體)는 합리적이로 온당한 환골탈태(換骨脫胎)를 강조하고 있으며, 만노불승체(挽弩不勝體)와 음주과량체(飮酒過量體)는 시인의 능력이나 시 내용에 알맞은 압운자 두는 방법을 말하고 있고, 설갱도맹체(設坑導盲體)는 평이하면서도 적절한 시어의 구사로 독자들이 쉽게 시 내용을 파악할 수 있게 해야 한다는 것이다. 그 외 강인종기체(强人從己體)는 적의한 용사법의 구사, 촌부회담체(村夫會談體)는 참신한 시어 사용, 능범존귀체(凌犯尊貴體)는 소박하면서도 분수에 맞는 내용, 낭유만전체(莨莠滿田體)는 시의 간결성과 세련미 강조 등이다. 여기에서 보면, 이규보는 시를 지을 때 지나치게 옛 사람들의 격식을 답습하는 것을 비판하고, 시인 자신의 역량을 벗어나 생경하고 부적절한 시적 표현을 경계하고 있으며, 시에 담겨 있는 내용의 수월성 못지않게 그 내용을 담는 그릇으로서의 형식이 갖춰야 할 정제미도 중요하다는 것을 강조하고 있다. 이러한 형식에 대한 특별한 관심이 내용의 참신성에 연계됨으로써 그의 시 이론은 완성될 수 있었다고 하겠다. 그는 시를 얘기할 때 먼저 시 내용에 대한 '설의(設意)'를 앞세우고, 이어서 그 내용을 말로 엮어서 하나의 완전한 시를 만들어내는 '철사(綴辭)'를 강조하는데, 이는 시를 지을 때 설의가 가장 어렵고, 철사가 그 다음이라는 말이다. 당시 시인들이 꼼짝달싹 할 수 없는 강고한 무인지배 하에서 문학의 변화를 통하여 새로운 돌파구를 마련할 필요성이 있는데도 여전히 고전에 실려 있는 내용이나 이전 작가들이 작품에서 나타낸 생각을 그대로 따와서 용사(用事)하려

하였고, 지금까지 많은 작가들이 널리 사용한 시어들을 그대로 답습하려는 진부한 생각을 떨치지 못했다. 이규보는 이러한 정체 국면에서 벗어나기 위하여 신의론을 제기하였고, 자신의 그런 문학이론을 실제 창작활동에 반영함으로써 '이규보식'의 새로운 경지의 문학세계를 선보였다. 그러므로 그의 작품에서는 의(意)를 결정짓는 기(氣)를 바탕으로 하여 시속에 꿋꿋한 의지와 기상이 드러나게 하려고 고심하였다. 이렇게 이루어진 시는 자연스럽게 시적 대상이 되는 실제 경물(景物)과 일치하게 되어 독자들에게 '보여주는 시'로 탈바꿈하기 마련이다. 『백운소설』에서 편찬자가 궁극적으로 추구한 것도 바로 새롭고 참신한 시를 통하여 당대까지 느껴보지 못했던 시세계의 강조에 있다고 하겠다.

일러두기

1. 본 역서는 홍만종(洪萬宗, 1643~1725)이 조선조 효종 3년(1652)에 편찬한 『시화총림』의 춘권(春卷)에 실려 있는 『백운소설』(아세아 문화사 1973년 영인본)을 원본으로 하였다.

2. 한글로 번역하는 것을 원칙으로 하고, 평이한 문장으로 직역에 충실하고자 했으나 경우에 따라서는 의역하기도 했다.

3. 이 책을 번역함에 있어 지금까지 역간(譯刊)된 여러 종의 번역서를 참고하여 전문(全文)의 번역에 완벽을 기하고자 했다.

4. 원문에서 잘못된 부분은 각주에서 그 이유를 밝히고 바로잡았다.

5. 원문에 부기(附記)된 주(註)의 원문과 번역문은 각각 글자체를 작게 하여 해당 원문과 번역문에 병기(倂記)하였다.

6. 원문에 나오는 내용 가운데 독자의 이해를 돕기 위해 각주가 필요할 경우 각주를 달되 그렇지 않은 경우에는 가급적 풀어서 기술했다.

白雲小說
백운소설

『백운소설(白雲小說)』*

1.　我東方, 自殷太師東封, 文獻始起, 而中間作者, 世遠不可聞. 堯山堂外記, 備記乙支文德事, 且載其遺隋將于仲文五言四句, 詩曰. 神策究天文, 妙算窮地理. 戰勝功旣高, 知足願云止. 句法奇古, 無綺麗彫飾之習, 豈後世委靡之所可企及哉. 按乙支文德, 高句麗大臣也.

　　우리나라에서는 은나라 태사가 동쪽에 봉해지면서부터[1] 문헌[2]

---

* 『백운소설(白雲小說)』: 고려 중기의 문호인 이규보(李奎報, 1168~1241)의 시문집인 『동국이상국집(東國李相國集)』에는 우리나라와 중국의 여러 시인들에 대한 시평 및 작시론, 작가론 등이 산재되어 있다. 문집에 실린 이러한 시화(詩話)들만을 중심으로 하여 엮은 것이 『백운소설(白雲小說)』인데, 조선후기의 문인인 홍만종(洪萬宗, 1643~1725)의 『시화총림(詩話叢林)』에 처음으로 소개되었다. 1970년대 이후로 『백운소설』의 편찬 경위와 그 찬자에 대해 논의가 활발하게 전개되었음. 대체로 『백운소설』은 이규보의 자편서(自編書)가 아니라 홍만종이 역대의 시화를 집성할 때에, 이규보의 문집에서 시화류를 뽑고 또 그의 문집에 빠져 있으나 후에 찾아진 몇 개의 조목을 첨가하여 엮고서 백운거사(白雲居士)라는 이규보의 자호(自號)를 빌려 '백운소설'이라 명명한 것이라는 견해가 지배적이다.

1) 은나라 …… 이후부터 : 여기에서 태사는 중국 고대국가인 은나라 말엽에 활동한 삼공(三公)중의 한 사람인 기자(箕子)를 가리킴. 기자는 은나라 마지막 왕인

이 비로소 전해지기 시작되었으나, 그 사이에 글을 지었던 작자들에 대해서는 시간적으로 너무 오래되어 지금 그 내막을 들을 수 없었다. 『요산당외기(堯山堂外記)』[3]에는 을지문덕(乙支文德)[4]

주왕(紂王)의 숙부로서 주왕의 폭정에 간언하다가 유폐되기도 하였음. 은나라를 멸망시킨 주(周)나라 무왕(武王)에 의해서 우리나라에 봉해졌다고 하며, 기자는 무왕에게 하(夏)나라 우(禹) 임금이 정했다는 아홉 가지 정치적 원칙인 홍범구주(洪範九疇)을 전했다고 함.

2) 문헌(文獻) : 한 시대의 문화 전반을 담고 있는 기록이나 문서를 총체적으로 이르는 말. 이 말의 의미는 『논어』에서 공자가 한 말에 유추할 수 있음. 『논어』「팔일(八佾)」편에서, "子曰 : '夏禮, 吾能言之, 杞不足徵也. 殷禮, 吾能言之, 宋不足徵也. 文獻不足故也. 足則吾能徵之矣.'"라고 하였는데, 「집주(集注)」에, "杞, 夏之後, 殷之後. 徵, 證也. 文, 典籍也. 獻, 賢也. 言二代之禮, 我能言之, 而二國不足取以爲證. 以其文獻不足故也. 文獻若足, 則我能取之, 以證吾言矣." 라고 하여 문헌의 의미가 무엇인지를 살필 수 있음.

3) 『요산당외기(堯山堂外記)』: 중국 명나라 문인인 장일규(蔣一葵)가 여러 곳을 돌아다니면서 중국 상고 시대부터 명나라에 이르기까지의 자질구레하고 기괴한 일들을 모아서 엮은 것으로 매 시대마다 인명과 검색 표제를 갖추고 있는데, 이 책은 만력(萬曆, 1573~1619)연간에 중국에서 간행되었음. 여기에서 보면 『요산당외기』가 이규보(1168~1241)보다 훨씬 후대의 인물인 장일규가 편찬했다는 사실에서 『백운소설』을 이규보가 직접 편찬한 저작(著作)으로 보기 어렵다고 하겠음.(『사고전서총목제요(四庫全書總目提要)』 권132)
   ※ 이 책의 편찬자인 장일규의 자는 중서(仲舒), 호는 석원(石原)으로 요산당(堯山堂)은 그의 독서당(讀書堂)의 이름임. 저서로 『요산당외기』, 『요산당우집(堯山堂偶雋)』, 『장안객화(長安客話)』 등이 있음.

4) 을지문덕(乙支文德) : 고구려 영양왕 때 장수로 출신과 생몰연대는 불문명하나 612년(영양왕 23) 살수(薩水 : 지금의 청천강)에서 수나라 별동대(別動隊) 30만을 격멸시킨 이른바 살수대첩을 거둬 위기에 처한 고구려를 구하였음. 을지(乙支)는 '큰 사람'이라는 뜻으로 관직의 이름이 성씨로 되었다는 견해가 있으며, 『자치통감』 권181에서는 그를 '위지문덕(尉支文德)'이라고 하였다는 기록이 있어 이를 근거로 을지문덕을 선비족의 별종인 위지씨(尉遲氏) 출신으로서 고구려로 망명 귀화한 인물이라는 주장도 있음.

의 일이 잘 갖추어 기록되어 있고, 또「수나라 장수 우중문5)에게
전하다[遺隋將于仲文]」라는 오언사구(五言四句)로 된 시가 실려 있
다.6) 그 시에 이르기를,

신기한 계책은 천문7)을 꿰뚫은 데서 나왔고,
기묘한 계산은 지리8)에 통달한 것에서 나왔네.
전쟁에서 승리한 공이 이미 높아졌으니,
만족함을 알아서 그만 두었으면 하네.9)

---

5) 우중문(于仲文, 545~613) : 중국 수나라 장수. 자는 차무(次武), 하남성 낙양 사람. 612년 수양제의 제2차 고구려 원정 때 우문술(宇文述)과 함께 30만 대군을 이끌고 쳐들어 왔으나 그 해 7월 살수에서 고구려 장군 을지문덕(乙支文德)에게 참패당하고 겨우 살아 돌아가 패전의 책임을 지고 하옥되었다가 울분을 이기지 못하여 분사(憤死)하였음.
6) 또 …… 있다 : 이 사실은 중국의『수서(隋書)』권60에 실려 있는 것으로, '우중문이 수양제(隋煬帝)를 따라서 요동을 정벌하였는데, 고구려에서 군사를 내어 군수품 운송 수레를 습격하자 우중문이 되돌아 쳐서 크게 격파하였다. 압록강에 이르렀을 때 고구려의 장수 을지문덕이 거짓으로 항복하자, 우중문이 그를 놓아주었다. 을지문덕이 그곳을 떠나간 뒤에 우중문이 자신의 그런 어리석은 행위를 후회하고는 추격하여 서로 맞서 싸웠는데, 싸울 때마다 을지문덕의 군사를 쳐부수니 을지문덕이 시를 지어서 보냈다.'(于仲文從煬帝征遼東, 高麗出兵, 掩襲輜重, 仲文回擊, 大破之. 至鴨綠水, 高麗將乙支文德詐降, 仲文舍之. 旣去, 尋悔, 選騎追之, 每戰破賊, 文德貽詩.)라고 하였음.
7) 천문(天文) : 천체의 운행과 비·바람 따위의 기상(氣象) 현상을 말함. '觀乎天文, 以察時變'.(『역경』 분賁) 天文者, 所以察星辰之變, 以參於政者也.(『수서(隋書)』 경적지經籍志 3)
8) 지리(地理) : 땅이 갖추고 있는 고저(高低)와 광협(廣狹), 험하고 평탄한 것 등의 조건과 형세. '仰以觀於天文, 俯以察於地理.〈孔穎達疏〉地有山川原隰, 各有條理, 故稱理也.'(『역경』 계사繫辭 상上)
9) 만족함 …… 바라노라 : 이 말은 노자(老子)의『도덕경』 44장의, '만족할 줄을

神策究天文,
妙算窮地理.
戰勝功旣高,
知足願云止

 구법이 특이하면서도 소박하여 지나치게 화려하거나 억지로 다듬고 꾸민 폐습이 없으니, 어찌 후세의 나약하고 용렬한 사람들이 미칠 수 있겠는가. 을지문덕은 고구려의 대신[10]이었다.

알면 욕을 당하지 않고 그칠 줄을 알면 위태롭지 않으니, 길이 누릴 수 있다'(知足不辱, 知止不殆, 可以長久.)는 것을 용사한 것임. 이 시는 『삼국사기』 권44 열전 권4 을지문덕전(乙支文德傳)에 처음 소개된 것으로, 『동문선』 권19에는 「증 수우익의 대장군 우중문(贈隋右翊衛大將軍于仲文)」으로 되어 있음. 이수광(李睟光)의 『지봉유설(芝峯類說)』 권13에도 『동문선』과 같은 제목으로 소개되어 있고, 이 시를 두고 평하기를, "그 글이 옛 것에 가깝다.[其詞近古]"라고 하였음. 『해동역사(海東繹史)』 권47, 『동사강목(東史綱目)』 권3 상(上) 등에도 소개되고 있음.

10) 대신(大臣) : 『삼국사기』 권20, 「고구려 본기」 8, 영양왕 23년 조에, '왕이 대신 을지문덕을 파견했는데, 그 (적의) 진영에 나아가서 거짓으로 항복하였다.' (王遣大臣乙支文德, 詣其營詐降.)라고 하였음.

2. 新羅眞德女主太平詩, 載於唐詩類記, 其詩高古雄渾, 比始唐諸作, 不相上下. 是時東方文風未盛, 乙支文德一絕外, 無聞焉而女主乃爾, 亦奇矣. 詩曰, 大唐開鴻業, 巍巍皇猷昌. 止戈戎衣定, 修文繼百王. 統天崇雨施, 理物體含章. 深仁諧日月, 撫運邁時康. 幡旗旣赫赫, 鉦鼓何煌煌. 外夷違命者, 翦覆被天殃. 和風凝宇宙, 遐邇競呈祥. 四時調玉燭, 七曜巡萬方. 維岳降宰輔, 維帝用忠良. 三五咸一德, 昭載皇家唐. 按小註曰, 永徽元年, 眞德大破百濟之衆, 乃織錦作五言太平詩, 以獻云. 按永徽乃高宗年號也.

신라 진덕여왕(眞德女王)11)의 「태평시(太平詩)」12)가 『당시유기

---

11) 진덕여왕(眞德女王, ?~654): 신라 제28대 왕으로 재위 기간은 647년~654년임. 재위기간에 걸쳐 당나라와의 외교관계를 중시하였는데, 이는 당나라의 힘을 빌려 고구려와 백제를 견제하기 위한 것이었음. 648년에는 김춘추를 당나라에 보내 군사적 지원을 요청하였는데, 이로 인해 신라 문제에 소극적이던 당나라 태종으로부터 군사적 지원을 받게 되었음. 650년에는 즉위 직후부터 사용하던 독자적 연호인 태화(太和)를 버리고 당나라 고종의 연호인 영휘(永徽, 650~655)를 사용하기 시작하였음.

12)「태평시(太平詩)」: 신라 진덕여왕이 650년에 중국 당나라 태종(太宗, 재위기간 625~649) 이세민(李世民)에게 준 「태평시」는 본문에서 언급된 『당시유기』 외에도 『구당서(舊唐書)』 권199의 「동이전(東夷傳)」에도 소개되어 있으며, 『전당시(全唐詩)』 권797에서는 「김진덕(金眞德)」의 작품으로 소개되고 있음. 송나라 왕흠(王欽) 등이 편찬한 『책부원귀(冊府元龜)』 권962 「재지(才智)」, 송나라 이방(李昉) 등이 편찬한 『문원영화(文苑英華)』 권167 「제덕(帝德)」, 명나라 고병(高棅)이 편찬한 『당시품휘(唐詩品彙)』 권23 「오언고시」 등에도 소개되어 있음. 우리나라 『삼국사기』와 『해동역사』에는 「태평송(太平頌)」, 『삼국유사』에는 「태평가(太平歌)」, 『동문선』에는 「직금 헌 당고종(織錦獻唐高宗)」, 『대동시선(大東詩選)』에는 「대당태평송(大唐太平頌)」, 『서포만필』에서는 직금송덕시(織錦頌德詩) 등으로 소개되고 있음. 이 「태평시」는 우리나라의 문헌에 전하는 가장 오래된 오언고시로 소국인 신라가 당나라의 도움을 받아 삼국을 통일하기 위한 목적에서 당태종

(唐詩類記)』13)에 실려 있는데, 그 시는 고고(高古)하고 웅혼(雄渾)
하여 시기가 비슷한 중국 시당(始唐)14) 때에 나온 여러 시들에 비

의 치세를 찬양한 내용의 시라고 할 수 있음. 이유원(李裕元, 1814~1888)은 『임하
필기(林下筆記)』 권12 「문헌지장편(文獻指掌編)」에서 「대당태평송」을 선덕여왕
의 작품으로 잘못 이해하고 있음.
13) 『당시유기(唐詩類記)』: 이 책은 지금 전하지 않는 것으로, 현전하는 『당시기
사(唐詩記事)』와 같은 책으로 보는 사람도 있으나 정확하지 않음. 『당시기사』
는 송나라의 계유공(計有功 : 자는 민부敏夫)이 편찬한 것으로 81권에 1,151인
의 시를 수록하고 있음. 자서에 '당(唐)나라 300년간의 문집·잡설·전기·유사
(遺史)·비지(碑誌)·석각(石刻)을 비롯하여 일련일구(一聯一句)에 이르기까지
모두 찾아내서 수록하였다. 때때로 공문을 받들고 주유천하하며, 명산승지(名
山勝地)나 잔편유묵(殘篇遺墨)을 두루 수집하였다.'고 했듯이 수록된 기사가
매우 광범위함. 이 책으로 인하여 후세에 전해진 시인과 작품은 매우 많아서
당시를 연구하는 데 중요한 자료가 되고 있고, 『송시기사(宋詩紀事)』와 『명시
기사(明詩紀事)』는 그 뒤를 이어 편찬된 것임.
14) 시당(始唐) : 중국 당(唐)나라를 초(初)·성(盛)·중(中)·만(晩)의 4기로 구분
한 것에서 나온 것으로 시당인 초당은 국초(國初 : 618)부터 현종(玄宗) 즉위
(712)까지의 약 100년간을 이름. 이렇게 당을 네 시기로 나누기는 남송(南宋)의
엄우(嚴羽)가 그의 시화집인 『창랑시화(滄浪詩話)』에서 처음 시도하였는데 초
당은 국가의 기반을 다지는 시기에 해당하므로 거국적으로 국내통일과 국력충
실에 노력하였음. 이때에는 강력한 봉건체제를 바탕으로 백성들이 안정된 생
활을 유지하였고 중앙아시아나 인도의 문화도 섭취한 일대 융합문화가 생겨났
으므로 문학에 있어서도, 6조(六朝) 이래 성률(聲律)·대우(對偶)를 중시한 수
사(修辭)의 기교에 애쓰는 귀족문학이 번성하기 시작하였고, 작가들은 문학 작
품을 통하여 강인한 시대정신을 반영하고자 했음. 이 시기를 대표하는 문인으
로는 왕발(王勃), 낙빈왕(駱賓王), 두심언(杜審言), 심전기(沈佺期), 진자앙(陳
子昂) 등이 있음. 성당은 현종 즉위년에서 대종 4년(764)까지로 이 시기를 대
표하는 문인으로는 이백(李白), 두보(杜甫), 왕유(王維) 등이며, 중당은 대종 5
년(766)부터 문종 즉위년인 826년까지로 이 시대를 대표하는 문인으로는 백거
이(白居易), 원진(元稹), 한유(韓愈)와 유종원(柳宗元) 등이며, 만당은 문종 2
년(827)에서부터 당나라의 마지막왕인 애제가 퇴위한 907년까지로 이 시대를
대표하는 문인으로는 이상은(李商隱), 두목(杜牧), 온정균(溫庭筠) 등임.

교해 보아도 서로 우열을 가릴 수 없을 정도다. 이때에는 우리나라의 문풍이 아직 왕성하지 못한 때라서 을지문덕의 절구시 한 수 외에는 잘 알려진 작품이 없었는데, 진덕여왕이 이와 같은 시를 남겼다는 것은 실로 기이한 일이다. 그 시에 이르기를,

위대한 당나라 큰 기틀 세웠을 때,
높고 높은 황제의 모책 창대하였네.
전쟁 그치고 나라가 안정되자,[15]
문덕을 닦아 백왕이 계승하였네.
하늘을 통하니 우시[16]를 숭상하고,
만물을 다스리니 함장[17]을 본받도다.
깊은 인덕은 일월과 짝하고,
시운을 따름에 시강[18]을 만나도다.

---

15) 군복을 …… 평정하고 : '융의(戎衣)'는 원래 군복을 뜻하지만, 이 시에서 사용한 '융정의(戎衣定)'이라는 말은 '한번 군복을 입자 천하가 크게 평정되었다(一戎衣, 天下大定).'라는 『서경』「주서(周書)」 무성(武成)에서 용사한 것임.
16) 우시(雨施) : 이 말은 『역경』 건괘(乾卦)에 '뜻을 풀어 말하노니, 구름이 흘러가 비를 베풀어서 세상 만물이 제 형상을 갖춘다.'(象曰, 雲行施雨, 品物流形)라고 한 것에서 용사한 것인데, 우시는 운행우시(雲行雨施)의 준 말로 구름이 비가 되어 만물에 은택을 베푼다는 뜻임.
17) 함장(含章) : 이 말은 『역경』「곤괘(坤卦) 상전(象傳)」의 '아름다운 덕을 머금어 견고히 하지만 때에 따라 발할 것이다.'(象曰, 含章可貞, 以時發也)라고 한 것에 용사한 것으로 '함장'은 (여인이) 아름다운 덕을 마음속에 간직하고 있음을 뜻함.
18) 시강(時康) : 『서경』에서 순임금의 정치를 시(時)와 강(康)이라고 하였는데, '시'는 때에 순응한다는 뜻이고, '강'은 편안하다는 뜻으로 시대가 태평함을 이르는 말임.

전장의 깃발은 이미 찬란하게 빛나고,
징과 북소리는 어찌 그리도 우렁찬가.
황제의 명을 어긴 오랑캐는,
하늘의 재앙을 받아 고꾸라졌네.
온화한 풍기가 온 세상에 어렸으니,
멀고 가까운 데서 다투어 상서로운 일 일어나네.
사시로 옥촉[19]이 조화롭고,
칠요[20]는 만방을 두루 도네.
산악의 정기가 어진 재상을 내리니,[21]
황제는 그 어진 인재 등용했네.
삼황오제[22]가 한 덕을 이루어,

---

19) 옥촉(玉燭) : 사철의 기후(氣候)가 고르고 해와 달이 훤히 비치는 것을 주위를 훤히 밝히는 촛불에 비유한 것임. '四時和氣, 溫潤明照, 故曰, 玉燭.'(『이아(爾雅)』석천釋天)

20) 칠요(七曜) : 해[日], 달[月]과 수(水 : 신성辰星) · 화(火 : 형혹성熒惑星) · 목(木 : 세성歲星) · 금(金 : 태백성太白星) · 토(土 : 전성塡星) 등 다섯 개의 별을 아울러 가리킴. 동양에서는 예로부터 이 칠요가 천지(天地)의 운행이나 사람의 생활과 밀접한 관계에 있다고 믿어왔는데, 우리가 지금 쓰고 있는 日 · 月 · 火 · 水 · 木 · 金 · 土의 일주일 명칭도 칠요에서 그 이름을 따온 것임.

21) 산악의 …… 내리고[維岳降宰輔] : 이 말은 『시경』 「대아(大雅) · 숭고(崧高)」에 "높고 높은 저 산악은 하늘에 이르렀도다. 산악에서 신을 내려 보후(甫侯)와 신후(申侯)를 내셨도다(崧高維嶽, 駿極于天. 維嶽降神, 生甫及申)."라고 한 것에 근거한 것으로 하늘을 찌를 듯한 산악의 정기를 통해 보후, 신후 같은 훌륭한 재상을 탄생시켰다는 것을 가리킴.

22) 삼황오제(三皇五帝) : 중국의 전설상의 왕으로 이들로부터 중국의 역사가 시작되었다고 함. 이 삼황오제에 대해서는 고전에 따라서 서로 차이가 있음. 삼황을 『사기』에서는 천황 · 지황 · 인황(태황이라고도 한다)으로 보았는데, 이는 천 · 지 · 인 삼재(三才)로서 생각한 인위적이고 추상적인 것임. 한대(韓代) 말

비로소 우리 당나라 황실 밝혔도다.

大唐開鴻業,
巍巍皇猷昌.
止戈戎衣定,
修文繼百王.
統天崇雨施,
理物體含章.
深仁諧日月,
撫運邁時康.
幡旗旣赫赫,
鉦鼓何煌煌.
外夷違命者,
翦覆被天殃.
和風凝宇宙,
遐邇競呈祥.
四時調玉燭,
七曜巡萬方.
維岳降宰輔,
維帝用忠良.
三五成一德,

이 되면 수인(燧人), 복희(伏羲), 신농(神農), 여과(女過) 등에서 3명을 뽑아서 삼황을 삼기도 하였음. 오제에 대해서 『사기』에는 황제(黃帝)·전욱(顓頊)·제곡(帝嚳)·요(堯)·순(舜)을 말하고 있는데, 이 오제는 덕의 유무에 의해서 자리가 바뀌며, 그 공적도 정치적인 것에 치우쳐 있음.

昭載皇家唐.

그『당시류기』의 소주(小註)[23]를 살펴보면,

영휘(永徽) 원년[24]에 진덕여주가 백제 군사를 대파하고 나서[25] 오언의「태평시」를 비단에 수를 놓아[26] 바쳤다.

고 하였다. 영휘를 살펴보니 바로 당나라 고종의 연호였다.

---

23) 『당시류기』의 소주(小註) : 현전하는『당시기사(唐詩記事)』에는 이러한 내용과 같은 소주(小注)는 보이지 않음. 이 외에『전당시(全唐詩)』(모두 900권으로 2,200여 명의 작자와 작품 4만 8,900여 수를 수록. 1705년 3월에 강희제의 명으로 팽정구彭定求 등 10명이 편찬에 착수하여 1745년 10월에 완성하였으며, 1746년 4월에 양저우시국[揚州詩局]에서 간행하였음)에는 '永徽元年, 眞德大破百濟之衆, 織錦作五言太平詩, 遣其弟之子法敏, 以獻.',『당시품휘(唐詩品彙)』(중국 명대明代 초기에 고병高棅 : 1350~1423이 편찬한 당시唐詩의 선집選集으로 선집 90권에는 620명의 시 5,769수와 습유 10권에는 61명의 시 950수가 수록되어 있음)에는 "永徽元年, 眞德大破百濟之衆, 遣其弟子春秋之子法敏, 以聞眞德乃織錦作五言太平詩, 以獻."이라는 기록이 보임.
24) 영휘(永徽) 원년 : 영휘는 당나라 고종의 연호(650~655)로 그 원년은 신라 진덕여왕 4년에 해당됨.
25) 백제 군사를 대파하고 나서 :『삼국사기』권5 신라본기(新羅本紀)에 보면 진덕여왕 3년(649)에 김유신이 백제 군사와 싸워 8,980명의 군졸을 베고 군마 만필을 얻는 대승을 거두었는데, 영휘 원년(650)에 백제군을 대파했다는 것과는 차이가 있음.
26) 비단에 수를 놓아[織錦] : 중국 서진(西晉) 때 진주자사(秦州刺史)로 있던 두도(竇滔)가 귀양을 가니, 본처 소혜(蘇蕙 : 호가 약란若蘭)가 남편에게 가로 스물아홉 글자 세로 스물아홉 글자 8마디의 문장으로 모두 841자로 된 회문시를 비단에 짜 넣어 보낸 것에서 직금시가 시작되었는데, 이것이 유명한 직금회문선기도(織錦回文璇璣圖)임. (『진서(晉書)』권96 두도처소씨전竇滔妻蘇氏傳 참조)

3.　崔致遠孤雲, 有破天荒之大功, 故東方學者皆以爲宗. 其所著琵琶行一首, 載於唐音遺響, 而錄以無名氏. 後之疑信未定. 或以洞庭月落孤雲歸之句, 證爲致遠之作, 然亦未可以此爲斷案. 如黃巢檄一篇, 雖不載於史籍, 巢讀至不惟天下之人皆思顯戮, 抑亦地中之鬼已議陰誅, 不覺下床而屈, 如非泣鬼驚風之手, 何能至此. 然其詩不甚高. 豈其入中國在於晚唐後歟.

고운 최치원[27]은 우리나라에 끼친 파천황의 큰 공이 있다. 그러므로 우리나라 학자들은 모두 그를 우리나라 최초의 유학자로 여긴다. 그가 지은 「비파행」[28] 한 수가 『당음유향(唐音遺響)』[29]에

---

27) 최치원(崔致遠, 857~?) : 신라 말기의 문인, 학자. 자는 고운(孤雲), 또는 해운(海雲). 신라 육두품 출신으로 12살 때 당나라에 들어가 18살 때 과거에 급제하여 관직생활을 하였고, 회남절도사 고변(高騈)의 막하에서 종사관으로 근무하던 중에 반란을 일으켰던 황소를 성토하기 위해 고변을 대신하여 「토황소격(討黃巢檄)」을 지어 중국에서 문명을 날렸음. 29세에 신라에 귀국해서 병부시랑 등의 벼슬을 지냈으나, 이미 말기적 현상을 뚜렷하게 보이기 시작한 신라의 정치 현실에 뜻을 잃고 가족을 이끌고 가야산에 들어가 은둔했음. 우리나라 한문학의 비조(鼻祖)로 불리어질 정도로 문학에 있어 높은 성취를 이루었음. 저서로『계원필경집(桂苑筆耕集)』, 『고운선생문집(孤雲先生文集)』 등이 있음.
28) 「비파행(琵琶行)」 : 이 시는 당시(唐詩)를 싣고 있는 『전당시(全唐詩)』 권785, 『전당시초(全唐詩錄)』 권100, 『당음(唐音)』 권14, 『재조집(才調集)』 권10에 모두 글자의 출입이 없는 동일한 내용이 「비파(琵琶)」라는 제목 아래 무명씨의 작품으로 실려 있음. 그 전문을 보면, '粉胸繡臆誰家女, 香撥星星共春語. 七盤嶺上走鸞鈴, 十二峯頭弄雲雨. 千悲萬恨四五絃, 絃中甲馬聲駢闐. 山僧撲破琉璃鉢, 壯士擊折珊瑚鞭. 珊瑚鞭折聲交戛, 玉盤傾瀉眞珠滑. 海神驅趁夜濤回, 江娥蹙踏春氷裂. 滿座紅裝盡淚垂, 望鄕之客不勝悲. 曲終調絶忽飛去, 洞庭月落孤雲歸.'
　* 행(行) : 중국 한나라의 악부시(樂府詩)에서 나온 시체(詩體)의 일종으로 시의 제목 뒤에 붙여짐. 이는 대체로 자기의 감정이나 사물을 거침없이 가볍게 묘사한

실려 있는데, 무명씨의 작품으로 기록되어 있다. 후세에 그 기록에 대여 반신반의하였는데, 어떤 사람은 "동정호에 달이 지니 고운이 돌아간다(洞庭月落孤雲歸)"라는 글귀를 최치원의 저작이라는 증거로 대기도 하지만 이 사실 하나만으로 단안을 내리기는 어렵다. 황소(黃巢)에게 보낸 격문(檄文)[30] 한 편과 같은 것은 비록 역사책에는 실려 있지는 않지만, 황소가 그 격문을 읽다가 '천하의 사람들이 너를 모두 죽여 매달려고[31] 할 뿐만 아니라, 땅속의 귀

노래에 붙여지는 것으로, 송나라 강기(姜夔)의 「백석도인시설(白石道人詩說)」에서는 '시체가 글씨의 행서(行書) 같다는 뜻이다.' 하였고, 명나라 서사증(徐師曾)이 편찬한 『문체명변(文體明辨)』에서는 '달리는듯한 걸음걸이에 탁 트여 막힘이 없는 것을 행(行)이라 한다.' 하였음. 실제로 옛 가요의 제목에 보이는 行이나 引 또는 歌, 歌行 등이 그 구성이나 내용에 있어 별다른 차이가 없음. 백거이의의 「비파인(琵琶引)」을 「비파행(琵琶行)」이라고도 부르는 것을 보아도 引이나 行이나 별 차이가 없다는 것을 알 수 있음. 대표적인 작품으로는 위(魏)나라 조조(曹操)의 「단가행(短歌行)」, 조비(曹丕)의 「선재행(善哉行)」, 두보(杜甫)의 「취가행(醉歌行)」, 「단가행(短歌行)」, 백거이(白居易)의 「비파행」 등이 있음.
29) 『당음유향(唐音遺響)』: 중국 원(元)나라 문사인 양사굉(楊士宏)이 편찬한 시집. 「시음(始音)」 권1, 「정음(正音)」 권6, 「유향(遺響)」 권7로 구성되어 있는데, 「시음」에는 왕발(王勃)·양형(楊炯)·노명린(盧照隣)·낙빈왕(駱賓王)의 시를, 「정음」에는 성당(盛唐)·중당(中唐)·만당(晩唐) 시인의 시를, 「유향」에는 제가(諸家)·여자(女子)·승려(僧侶)의 시를 수록하였음.
30) 황소격(黃巢檄): 황소(?~884)는 중국 당나라 말기 조주(曹州, 지금의 산동성 하택荷澤) 사람. 염상(鹽商)으로 치부하였는데, 반란을 일으켜 880년에 장안을 점령하여 황제에 즉위, 국호를 대제(大齊)라 했으나 내부의 불화와 물자 부족으로 쫓기다 태산(泰山) 낭호곡(狼虎谷)에서 자결하였음. 황소가 반란을 일으키자 도통사(都統使)로 있던 고변(高騈)이 황소를 쳤는데, 이때 고변의 종사관으로 있던 최치원이 그를 대신하여 황소에게 보내는 격문을 지어 중국에 문명을 떨쳤음. (『신당서』 역신전逆臣傳 하下 황소 참조)
31) 죽여 매달기를[顯戮]: 반역 같은 중죄를 저지른 죄인을 저자거리 등의 공개된

신조차도 이미 은밀히 베어 죽이기를 의논했다.'라는 대목에 이르러서는 저도 모르게 침상에서 내려와 무릎을 꿇었다 하니, 만약 귀신을 울리고 바람을 놀라게 할 정도로 뛰어난 글 솜씨가 아니었다면 어찌 그러한 경지에 이를 수 있었겠는가. 그러나 그의 시들은 크게 빼어나지는 못하니, 이는 아마도 그가 중국에 들어간 때가 만당(晩唐)하고도 그 끝자락이여서인가.

장소에서 처형하여 그 시체를 일반에게 드러내 보이는 형벌.

4.   按唐書藝文志, 在崔致遠四六一卷, 又刊桂苑筆耕十卷. 余未嘗不嘉, 其中國之廣蕩無外, 不以外國人爲之輕重, 而旣載於史, 于令文集行于世. 然於文藝列傳, 不爲致遠特立其傳, 余未知其意也. 若以爲其事蹟不足以立傳. 則致遠十二渡海入唐遊學, 一擧甲科及第, 遂爲高騈從事, 檄黃巢, 黃巢氣沮. 後官至都統巡官侍御史. 及將還本國也, 同年顧雲, 贈儒仙歌, 其一句曰, 十二乘舡渡海來, 文章感動中華國. 其自敍亦云, 巫峽重峯之歲, 絲入中華, 銀河列宿之年, 錦還東國. 盖言十二而入唐, 二十八而東還也. 其跡章章如此, 以之立傳, 則固與藝文所載, 沈佺期 柳幷 崔元翰 李頻輩之半紙列傳有間矣. 若以外國人則已見于志矣. 又於藩鎭虎勇則李正己 黑齒常之等, 皆高麗人也, 各列其傳, 書其事備矣, 奈何於文藝獨不爲致遠立其傳耶. 余以私意揣之, 古之人於文章, 不得不嫌忌, 況致遠以外國, 孤蹤入中朝, 躙踏當時名輩, 若入傳直其筆恐涉, 故略之歟. 是余所未知者也.

『당서(唐書)』「예문지(藝文志)」[32]를 살펴보면, 최치원에게 『사륙(四六)』 1권이 있다고 하였으며, 또한 그는 『계원필경집』[33] 10

---

[32] 예문지(藝文志) : 정사(正史) 기록 가운데 당시에 있었던 서적의 목록[藝文]을 수록한[志] 책으로. 그 시초는 한나라 반고(班固)가 유흠(劉歆)의 『칠략(七略)』에 근거하여 『한서(漢書)』 예문지(藝文志)를 편찬한 데서 비롯되었음. 그 후 정사에서는 이것을 본떠 『수서(隋書)』, 『신당서(新唐書)』, 『구당서(舊唐書)』, 『송사(宋史)』, 『명사(明史)』 등에 예문지가 생겼음. 다만, 『수서』와 『구당서』에서는 그 명칭을 경적지(經籍志)라 하였음. 『당서』 권60의 예문지에 소개된 최치원과 관련된 글은, '崔致遠, 四六一卷, 又桂苑筆耕集二十卷.' 뿐임.

[33] 『계원필경(桂苑筆耕集)』 : 최치원이 당나라 고변의 종사관으로 근무한 4년간(880~884) 지은 1만여 편의 시문 중 정화만 모아 엮은 1부(一部) 20권의 시

권을 간행하였다. 나는 일찍 중국 사람들의 도량이 한없이 넓어 외국 사람이라 할지라도 경중을 가리지 않고 역사서에 수록하고, 또한 그 문집이 세상에 널리 유포되도록 한 것에 대해 가상하게 여겨 왔다. 그런데 예문지 열전(列傳)에 유독 최치원의 전기를 두지 않은 이유가 무엇인지 나는 알 수 없다. 그가 남긴 사적이 역사서에 입전(立傳)하기에는 부족해서 그랬단 말인가.

최치원은 12세에 바다를 건너 당 나라에 들어가 유학하였고, 단 한 번에 과거에 응시하여34) 갑과로35) 급제36)하였다. 마침내

문집으로 우리나라에 현전하는 문집 중에 가장 오래된 문집임. 신라에 귀국한 후 886년에 『사시금체시부(私試今體賦)』 5수 1권, 『오언칠언금체시(五言七言今體詩)』 100수 1권, 『잡시부(雜詩賦)』 30수 1권, 『중산복궤집(中山覆簣集)』 권5를 『계원필경집』 권20과 함께 헌강왕께 올렸음. 총 20권으로 구성된 『계원필경집』의 내용은 문장이 310편, 시는 60수인데, 문장 중 238편은 고변의 글을 대필한 것으로 그 구체적인 내용은 천자에게 상주한 것, 제관에게 보내는 사신, 반적(返敵) 및 절도사에게 보낸 격서, 인사이동 통지서, 재사, 제문, 고기문(告記文) 등임. 문집의 형태로 전해지는 신라 유일의 자료이며, 저자 자신이 선정하였고, 한자 문화권의 중심지인 중국에서 검정된 것으로 그 수준을 인정받았다는 사실에서 높이 평가될 만함. 또한 이 『계원필경집』은 중국 만당 때 나온 군막문학(軍幕文學, 막부문학幕府文學이라고도 함)을 대표하는 작품집으로, 최치원은 당시 군막문학을 주도했던 이상은(李商隱), 유업(劉鄴)과 어깨를 나란히 하였음.

34) 한 번에 과거에 응시하여 : 일반적으로 최치원이 당나라에서 조공국(朝貢國)에서 온 유학생만을 대상으로 보이던 빈공과(賓貢科)에 응시하여 합격한 것으로 이해하고 있으나, 중국 학자 당은평(黨銀平)은 그의 논문 「최치원 연구」(南京大, 2001 : 박사학위 논문)에서 당나라 때에는 빈공과가 없었다고 주장하였는데, 그렇다면 최치원은 당나라 빈공과가 아니라 진사과에 합격했다는 것임. 그렇다면 최치원이 중국인들과 똑같이 본시(本試)에 응시하여 실력을 겨룬 결과 우수한 성적으로 갑과에 이름이 올려 졌다는 것을 알 수 있음. 이러한 사실은 당시 중국인으로 문명(文名)이 있었던 고운(顧雲, 850~894)과 같은 해에

고변(高騈)37)의 종사관(從事官)이 되어서는 황소(黃巢)에게 격문38)을 보내니 황소의 기가 꺾였으며, 뒤에 벼슬이 도통순관시어사(都統巡官侍御史)에까지 이르렀다.39) 그가 고국 신라로 돌아오려 할

진사과(進士科)에 급제했다는 기록이 틀림이 없다고 하겠음.
35) 갑과(甲科) : 과거의 최종시험인 전시(殿試)에서 합격자의 성적에 따라 갑(甲)·을(乙)·병(丙)으로 나누어지는 등급의 하나. 갑과에서 성적이 가장 뛰어난 응시생을 장원(壯元)으로 뽑았음.
36) 최치원은 18세가 되는 경문왕 14년(당 희종 건부 원년, 874년)에 과거에 합격했음. '乾符元年甲科 禮部侍郎裵瓚下 一擧及第'(『삼국사기』 권46, 최치원조崔致遠條)
　최치원을 과거에서 발탁한 배찬(裵瓚)은 하남성 제원현 출신으로 당나라 건부 원년(874년)에 예부시랑으로 있으면서 지공거(禮部侍郎知貢擧)가 되었는데, 배찬은 최치원, 귀인택(歸仁澤), 고운(顧雲), 유숭망(劉崇望) 등 30명을 동시에 진사시에 합격시켰음.
37) 고변(顧騈, ?~887) : 당나라 유주(幽州 : 지금의 북경 서남쪽) 사람. 자는 천리(千里). 문학에 조예가 깊었음. 금군(禁軍)을 거느리고 서북의 국경을 수비하며 큰 공을 세워 진주자사(秦州刺史)가 되었음. 그 뒤로 천평군(天平軍) 절도사(節度使) 등 여러 군직(軍職)을 맡았으며, 세기말적인 현상으로 곳곳에서 농민 반란이 일어나자 회남절도사(淮南節度使) 및 제도병마도통(諸道兵馬都統)이 되어 반란군 진압에 진력하였음. 그러나 광명(廣明) 원년(880)에 부장(部將) 장린(張璘)이 거느린 부대가 강서(江西) 전투에서 전멸하자, 이때부터 전투를 겁내어 회피하면서 양주(揚州)에 안주하며 자체 방어에 주력했음. 만년에는 신선사상을 혹신하여 방사(方士)를 불러들였으므로 휘하의 장사(將士)들이 이반(離叛)하게 되자 부장(部將)인 필사탁(畢師鐸)에게 살해되었음.
38) 황소는 중국 당나라 말기에 반란을 일으켜 당의 서울인 장안을 점령한 도적. 고변이 도통사(都統使)로서 황소를 토벌할 때 최치원이 고변을 대신하여 격문을 지어 황소에게 보냈는데, 황소가 격문을 보다가 "천하 사람이 모두 너를 죽여 매달려고 할 뿐만 아니라, 땅 속의 귀신조차도 이미 은밀히 베어 죽이려고 의논했다.[不惟天之人皆思顯戮 兼恐地中之鬼已議陰誅]"라고 한 구절에 이르러 놀라 앉았던 걸상에서 떨어졌다고 함.(『삼국사기』 권46 열전 권6 최치원전)
39) 최치원은 879년에 승무랑(承務郎) 전중시어사 내공봉(殿中侍御史內供奉)으

때 동년(同年)⁴⁰⁾인 고운(顧雲)⁴¹⁾이 「유선가(儒仙歌)」⁴²⁾를 지어 주었는데, 그 한 구에 이르기를,

열두 살에 배를 타고 바다를 건너와,
문장으로 중국을 감동시켰네.

十二乘舡渡海來,
文章感動中華國.

라 하였고, 그의 자서(自敍)에서도,

　　로 도통순관(都統巡官)의 직위에 올랐음.
40) 동년(同年) : 같은 해에 급제한 사람을 이르는 말임. 당나라 이조(李肇)의 「국사보(國史補)」에 '得第謂之進士, 互相推敬謂之先輩, 俱捷謂之同年, 有司謂之座主.'
41) 고운(顧雲, 850~894) : 중국 만당 때의 문신. 최치원과 가까웠던 사이로 자는 수상(垂象)이며 안휘성 귀지현(貴池縣) 출신임. 최치원과 같은 해에 진사시에 합격하였고 고변의 막하에서 함께 종사관으로 근무하였으나 필사탁(畢師鐸)이 반란을 일으켜 고변을 살해하자 관직에서 물러나 독서에 힘을 기울였음. 관직은 우부원와랑(虞部員外郎)에 올랐음.
42) 유선가(儒仙歌) : 고운이 최치원의 학식과 인품을 높이 평가하여 유선(儒仙)이라 하여 지은 이 노래는『고운집(孤雲集)』「고운선생사적(孤雲先生事蹟)」에 최치원과 교우했던 고운(顧雲)이 그와의 이별을 아쉬워하여 준 송별시로 실려 있음. 위 본문에 소개된 내용은『삼국사기』권46「최치원열전」에 수록된 것을 전재한 것임. 해당 부분을 소개하면, '又與同年顧雲友善. 將歸, 顧雲以詩送別, 我聞海上三金鰲, 金鰲頭戴山高高. 山之上兮珠宮貝闕黃金殿, 山之下兮千里萬里之洪濤. 傍邊一點鷄林, 鰲山孕秀生奇特. 十二乘船渡海來, 文章感動中華國. 十八橫行戰詞苑, 一箭射破金門策.'

무협중봉(巫峽重峯)⁴³⁾의 해에 보잘 것 없는 몸으로 중국에 들어갔다가, 은하열수(銀河列宿)⁴⁴⁾의 해에 비단 옷을 입고 고국에 돌아왔네.

라고 하였으니, 이는 열두 살에 당 나라에 들어갔다가 스물여덟 살에 신라로 돌아온 사실을 말한 것이다. 그의 행적이 이처럼 뚜렷하니, 이것으로 전(傳)을 짓는다면 예문지에 실린 심전기(沈佺期)⁴⁵⁾· 유병(柳幷)⁴⁶⁾· 최원한(崔元翰)⁴⁷⁾· 이빈(李頻)⁴⁸⁾ 등의 반장짜리 열전

---

43) 무협중봉(巫峽重峯) : 중국 사천성 중경시와 호북성 사이에 위치한 무협의 12개의 봉우리를 최치원이 당나라에 들어갈 때의 열두 살 나이에 비유한 것임. 무협은 총길이 45km로 별칭은 대협(大峽)으로 장강삼협(長江三峽)의 하나로 알려져 있음.
44) 은하열수(銀河列宿) : 열수(列宿)는 열성(列星)으로 모두 28개의 별로 이루어져 있으니, 곧 최치원이 당나라에서 고국인 신라로 돌아올 때의 스물여덟 살을 비유하는 말임.
45) 심전기(沈佺期, 656?~714) : 중국 초당(初唐)의 궁정 시인. 자는 운경(雲卿). 하남성(河南省) 상주(相州) 사람. 측천무후(則天武后) 때부터 중종시대에 걸쳐서 활약한 문인으로 시문을 잘 하여 송지문(宋之問)과 함께 심·송(沈宋)으로 불리어졌음. 왕발(王勃)·양형(楊炯)·노조린(盧照隣)·낙빈왕(駱賓王) 등 초당사걸(初唐四傑)을 계승하여 율시(律詩)라고 하는 근체시의 운율을 완성시킨 시인으로 그의 공적은 매우 큼. 시풍은 청려(淸麗)하였고, 특히 칠언율시에 뛰어났음. 관직은 중서사인을 역임했으며, 저서로는 문집 10권이 전하고 있음.
46) 유병(柳幷) : 중국 중당(中唐, 766~825) 초기에 활동한 문인으로 자는 백존(伯存). 노장사상에 심취하였고, 관직은 전중시어사를 역임했음.(『신당서·열전列傳』 권202 참조)
47) 최원한(崔元翰, 729~795) : 중국 성당(盛唐, 713~765) 시대에 활동한 문인으로 이름은 붕(鵬)이며, 원한은 그의 자. 하북성 정주(定州) 사람. 경사(經史)에 능통했으며 시문도 잘 지었는데 50세에 가까워 진사시에 합격. 성격이 강직하였으며, 관직은 지제고(知制誥) 등을 역임했음. 저서에는 문집 30권이 있음.(『신당서』

들보다는 훨씬 나을 것이다. 만약 외국인이기 때문에 입전(立傳)하기 어려웠다고 하더라도 예문지에만은 기록되어 있어야 하지 않겠는가. 「번진호용열전(藩鎭虎勇列傳)」[49]에 이기정(李正己)[50]·흑치상지(黑齒常之)[51] 등이 모두 우리나라 사람인데도, 각각 그 전을

권202 열전 참조)

48) 이빈(李頻, 815~876) : 중국 만당(晚唐, 827~907) 시대의 문인. 자는 덕신(德新), 목주(睦州) 의창(壽昌) 사람. 박람강기하여 시를 잘 지었음. 대중(大中) 8년에 급제한 후 건주자사(建州刺史) 등을 역임. 문집으로는 『건주자사집(建州刺史)』(일명 『이악집(梨岳集)』) 1권이 전함. (『신당서』 권202 열전 참조)

49) 「번진 호용열전(藩鎭虎勇列傳)」: 번진은 당(唐)과 오대(五代)를 거쳐 송(宋)나라 초기까지 존속됐던 지방지배체제로 절도사(節度使)가 최고책임자였음. 710년 하서(河西)번진이 처음으로 설치되었으며, 안사(安史)의 난 직전까지 10곳의 변경에 설치되었으며, 난이 평정된 뒤에는 내부지방에도 잇따라 설치되었음. 9세기 초에 당나라 헌종(憲宗)이 번진억압책에 성공하여, 중앙으로부터 절도사를 파견하고 외진군을 절도사 관할에서 분리시킴으로써 당은 안정기를 맞이하였으나, 황소의 난을 계기로 각 번진이 일제히 자립하였고, 오대 때에는 번진에 의거한 무인이 권력을 장악함으로써 무인정치시대가 되었으나, 송나라 태조·태종이 적극적으로 그 해체책을 시행한 결과 마침내 번진체제는 붕괴되었음. 「번진호용열전」이란 중국 변경에서 활동한 무사들의 전기를 집성한 것을 뜻함.

50) 이기정(李正己) : 고구려 유민의 후예로 본명은 회옥(懷玉). 732년에 지금의 요녕성 조양(朝陽)에서 출생. 26세 때 평로절도사(平盧節度使) 왕현지(王玄志)가 죽자, 그의 아들을 죽이고 자신의 고종사촌인 후희일(侯希逸)을 절도사로 내세워 세력을 확장한 뒤에 후희일과 함께 평로·치청(淄靑)·기주(沂州)·제주(薺州)·해주(海州)·밀주(密州) 일대를 관할. 765년에는 후희일을 몰아내고, 평로치청절도사, 청주자사(靑州刺史) 등을 지내며, 신라·발해·왜(倭)를 오가는 해상·육상 무역을 관장하는 한편, 산동(山東)에서 염전을 운영해 막대한 부를 축적하였음. 『구당서(舊唐書)』와 『신당서(新唐書)』 등 중국 사서에는 이정기에 관한 사료가 많이 남아 있지만, 국내에는 거의 없고, 다만 『환단고기(桓檀古記)』에 산동반도 일대 15개 주를 중심으로 제(濟)나라를 세웠다는 기록이 남아 있을 뿐임.(『당서』 권213 참조)

세워 그들에 대한 사실들을 소상하게 기록했는데, 어째서 예문지 열전에 유독 최치원을 위한 전을 두지 않았는가? 내가 사사롭게 생각하기로는, 옛 사람들이 문장에 있어 서로 시기하는 마음이 있었기 때문이 아닐까 한다. 하물며 최치원은 먼 변방의 외로운 몸으로 중국에 들어와 당시의 유명한 문인들을 능가할 정도로 문장에 뛰어남에 있어서는 말해 무엇하랴. 그러니 만약 전을 세워 사실대로 그의 사적을 썼을 경우 그들의 시기심을 유발할까 두려워서 생략한 것일까? 이 사실에 대해서 나는 알지 못한다.52)

---

51) 흑치상지(黑齒常之, 630?~689) : 백제 출신으로 어릴 적 이름은 항원(恒元)으로 키가 8척(180cm) 장신이었음. 증조부의 이름은 흑치문대(黑齒文大), 조부는 흑치덕현(黑齒德顯), 아버지는 흑치사차(黑齒沙次)로 그의 선조는 원래 부여씨(扶餘氏)였는데, 흑치(黑齒)지역에 봉해졌으므로 성씨를 흑치로 바꿨다고 함. 백제가 나당연합군에 의해 망할 즈음에 신라와 당에게 빼앗겼던 200여 성을 회복하는 등 많은 성과를 올렸지만 결국은 유인궤(劉仁軌)에게 항복하였으며, 오히려 백제의 부흥운동세력을 공격해 항복을 받아냄으로써 당나라 조정의 신임을 얻었음. 이후로 흑치상지는 당나라로부터 절충도위(折衝都尉)라는 벼슬을 받고 공을 세워 좌령군장군 겸 웅진도독부사마(左領軍將軍兼熊津都督府司馬) 등을 역임했으나 측천무후 때 혹리(酷吏)로 유명한 주흥(周興) 등의 무고로 조회절(趙懷節) 등의 반란에 연루되어 옥사하였음.(『삼국사기』 흑치상지열전. 『구당서』 권109 참조)

52) 이상의 기록은 「당서불립최치원열전의(唐書不立崔致遠列傳議)」(『동국이상국집』 권22 잡문)의 내용을 전재한 것으로, 두 글 사이에 글자의 출입이 있음.

5.　三韓自夏時始通中國, 而文獻蔑蔑. 隋唐以來, 方有作者, 如乙之貽詩隋將, 羅王之獻頌唐帝, 雖在簡册, 未免寂寥. 至崔致遠入唐登第, 以文章名東海內, 有詩一聯曰, 崑崙東走五山碧, 星宿北流一水黃. 同年顧雲曰, 此句則一輿地志也. 蓋中國之五嶽, 皆祖於崑崙山, 黃河發源乎星宿海故云. 其題潤州慈和寺詩一句云, 畫角聲中朝暮浪, 靑山影裏古今人. 學士朴仁範, 題涇州龍朔寺詩云, 燈撼螢光明鳥道, 梯回虹影落巖扃. 參政朴寅亮, 題泗州龜山寺詩云, 門前客棹洪波急, 竹下僧棋白日閑. 我東之以詩鳴於中國, 自三者始, 文章之華國, 有如是夫.

우리나라는 하나라 때부터 중국과 소통하였으나, 문헌이 없어져 그 동안의 사정을 들을 수 없다. 수·당 이래로 작자가 등장하기 시작했다. 을지문덕이 수나라 장수에게 준 시나 신라왕이 당나라 황제에게 바친 송(頌)과 같은 작품은 비록 간책(簡册)에 실려 있지만 널리 알려지지 않았다. 최치원이 당나라에 들어가 과거에 급제하면서부터 우리나라가 문장으로 중국에 이름을 떨치게 되었다. 그가 지은 시 한 연구를 보면,

　　곤륜산[53]이 동쪽으로 뻗어 푸른 오악이고,[54]

---

53) 곤륜산(崑崙山) : 중국 전설상의 산으로 황하(黃河)의 발원점으로 믿어지는 성산(聖山). 『산해경(山海經)』에서는 천제(天帝)의 하도(下都)라 하였고, 『회남자(淮南子)』에서는 불사의 영계(靈界)가 있다고 하였음. 하늘에 닿을 만큼 높고 보옥(寶玉)이 나는 명산으로 전해졌으나, 전국시대(戰國時代) 이후 신선사상(神仙思想)의 유행에 따라 신선경으로서의 성격이 두드러지게 되어, 산중에

성수해[55]가 북쪽으로 흘러 한 줄기 황하로다.[56]

崑崙東走五山碧,
星宿北流一水黃.

라고 하였는데, 동년인 고운(顧雲)이 이르기를,

"이 시구는 바로 하나의 지도이다."

라고 했다. 이는 대개 중국의 오악(五嶽)이 모두 곤륜산에서 발원하고, 황하는 성수해에서 발원하기 때문에 그렇게 말한 것이다. 그가 윤주[57] 자화사 상방을 두고 지은 시의 한 연구에 이르기를,

---

불사(不死)의 물이 흐르고 선녀인 서왕모(西王母)가 살고 있다는 신화들이 생겨났음.
54) 오악(五嶽) : 중국의 사방과 중앙에 위치한 산으로, 동악(東嶽)을 태산(泰山), 서악을 화산(華山), 남악을 형산(衡山) 또는 곽산(霍山), 북악을 항산(恒山), 중악을 숭산(嵩山)이라고 부름.
55) 성수해(星宿海) : 호수의 이름으로 중국 청해성의 청해호 서남쪽에 있으며, 옛날에 황하(黃河)의 발원지라고 믿었던 곳임. 그곳에 물이 고여 있는 수많은 웅덩이들을 위에서 굽어보면 마치 밤하늘에 뭇 성수(星宿)가 벌여 있는 것처럼 보이기 때문에 그런 이름이 붙여지게 되었다고 함. 성수천(星宿川), 악돈타랍(鄂敦他拉), 화돈뇌아(火敦腦兒)라고도 함.(『송사』 권91 하거지河渠志 황하黃河 상上)
56) 이 연구는 『고운선생문집(孤雲先生文集)』 권1에 「제 여지도(題輿地圖)」란 시제로 그대로 실려 있음.
57) 윤주(潤州) : 중국 고대의 지명으로 지금의 강소성 진강현(鎭江縣)을 가리킴.

아름다운 뿔피리 소리 속에 아침저녁 물결이요,
푸른 산 그림자 속에 예제의 사람일세.58)

畵角聲中朝暮浪,
靑山影裏古今人.

라고 하였다.

학사 박인범59)이 경주60) 용삭사를 두고 지은 시에 이르기를,

반디불빛처럼 흔들리는 등불이 좁은 길 밝히고,
무지개처럼 돌아 있는 사다리는 바위문에 닿았네.61)

燈撼螢光明鳥道,
梯回虹影落巖局.

---

58) 이 시의 시제는 「등 윤주자화사 상방(登潤州慈和寺上房)」으로 『고운선생문집(孤雲先生文集)』 권1과 『동문선』 권12에 실려 있음. 그 전문을 소개하면, '登臨暫隔路岐塵, 吟想興亡恨益新. 畵角聲中朝暮浪, 靑山影裏古今人. 霜摧玉樹花無主, 風暖金陵艸自春. 賴有謝家餘境在, 長敎詩客爽精神.'
59) 박인범(朴仁範) : 신라 후기의 학자. 당(唐)나라에 유학하여 과거에 급제하였고, 신라로 귀국하여 한림학사(翰林學士), 수례부시랑(守禮部侍郎)을 지냈음. 시문(詩文)에도 능하여 898년(효공왕 2)에 승려 도선(道詵)의 비문을 지었으며, 『동문선(東文選)』에 그의 시 작품 10수가 전하고 있음.
60) 경주(涇州) : 중국의 옛 지명으로 지금의 감숙성 경천현(涇川縣)임.
61) 이 연구의 시제는 「경주 용삭사각 겸간운서상인(涇州龍朔寺閣兼東雲栖上人)」(『동문선』 권12)으로 그 전문을 소개하면, '翬飛仙閣在靑冥, 月殿笙歌歷歷聽. 燈撼螢光明鳥道, 梯回虹影到巖局. 人隨流水何時盡, 竹帶寒山萬古靑. 試問是非空色理, 百年愁醉坐來醒.'

라고 했다.

  참정62) 박인량63)이 사주64) 구산사를 두고 지은 시에 이르기를,

문 앞의 나그네 배는 큰 물결 치치기에 급하고,
대나무 아래서 바둑 두는 스님은 대낮에 한가롭네.65)

門前客棹洪波急,
竹下僧棋白日閑.

라고 하였다. 우리나라 사람으로 시로써 중국에 이름을 울린 것은 이 세 사람에게서부터 시작되었으니, 문장으로 나라를 빛내는 것이 이와 같았다.

---

62) 참정(參政) : 고려 시대에 중서 문하성에 속했던 종이품 벼슬. 충렬왕 1년 (1275)에 첨의평리로 고쳤음. 참지정사(參知政事)라고도 함.
63) 박인량(朴寅亮, ?~1096) : 고려 전기의 문신. 자는 대천(代天), 호는 소화(小華). 시문에 뛰어나 중국에까지 이름을 떨쳐 송나라에 사신으로 갔을 때 그곳의 문인들이 그의 글을 높이 평가하여 동행했던 김근(金覲)의 글과 함께 엮어 『소화집(小華集)』을 간행해 줬음. 저서에는 『고금록(古今錄)』 10권과 설화집인 『수이전(殊異傳)』을 편찬했음. 시호는 문열(文烈).
64) 사주(泗州) : 중국의 옛 지명으로 지금의 강소성 숙천현(宿遷縣) 동남쪽에 위치했음.
65) 이 연구의 시제는 「사송 과 사주 귀산사(使宋過泗州龜山寺)」(『동문선』 권12) 로 그 전문을 소개하면, '嶢巖怪石疊成山, 上有蓮坊水四環. 塔影倒江翻浪底, 磬聲搖月落雲開. 門前客棹洪濤疾. 竹下僧碁白日閑. 一奉皇華堪惜別, 更留詩句約重攀.'

6. 俗傳, 學士鄭知常, 嘗肄業山寺, 一日夜月明, 獨坐梵閣, 忽聞詠詩聲曰, 僧看疑有刹, 鶴見恨無松. 以爲鬼物所告. 後入試院, 考官以夏雲多奇峯爲題, 而押峯韻, 知常忽憶此句, 仍續成書呈. 其詩曰, 白日當天中, 浮雲自作峯. 僧看疑有刹, 鶴見恨無松. 電影樵童斧, 雷聲隱寺鍾. 誰云山不動, 飛去夕陽風. 考官至頷聯, 極稱警語, 遂置嵬級云. 僧看鶴見一聯雖佳, 其他皆是糠粃語. 何所取而至於居魁也, 未可知也.

세상에 다음과 같은 이야기가 전한다.

학사[66] 정지상[67]이 일찍이 산사에서 학업을 익히고 있을 때인 어느 달 밝은 밤에 홀로 절간에 앉아 있었는데, 갑자기 시를 읊는 소리가 들렸다. 그 시는 이러했다.

중이 보고 절이 있는지 의심하고,

---

66) 학사(學士) : 고려시대의 정4품 관직. 고려 태조 때 원봉성(元鳳省)에 한림(翰林)학사를 둔 이래 많은 관서에 학사관직을 두었는데, 이들은 모든 문신 중에서 재질과 학식이 뛰어난 학자들로서 왕의 측근에서 제찬(制撰)·사명(詞命)의 일에 종사하거나 왕에게 경서(經書)를 강론하는 일을 맡아보았음. 지공거(知貢擧)의 속칭으로도 쓰였음.

67) 정지상(鄭知常, ?~1135) : 고려 전기의 문신이자 잘 알려진 시인. 초명은 지원(之元), 호는 남호(南湖). 서경 출생으로, 고려 전기의 피폐한 정치를 일신하기 위하여 서경으로 서울을 옮기고 중국의 굴레에서 벗어나기 위해 칭제건원(稱帝建元)을 주장했던 혁신론자였으나 보수파에 패배하여 묘청(妙淸)의 난이 일어난 1135년에 김부식에게 참살 당하였음. 관직은 기거랑(起居郞)에 올랐음. 저서로는 『정사간집(鄭司諫集)』이 있었다고 하나 지금은 전하지 않음.

학이 보고 소나무가 없는 것을 한스러워 하네.

僧看疑有刹,
鶴見恨無松.

정지상은 이 시구를 귀신이 한 말이라고 여겼다. 후에 과거시험장에 응시했을 때 시험을 관장하는 고시관(考試官)[68]이 '여름 구름은 기이한 봉우리 많이 만드네.[夏雲多奇峯]'[69]를 시제로 하고 '봉(峯)'자를 압운자로 냈다. 정지상이 갑자기 그때 들었던 시구가 기억나 그 시구에 잇달아서 시를 지어 올렸는데, 그 시는 다음과 같다.

밝은 해 하늘 한 가운데에 떠 있으니,
뜬 구름이 저절로 봉우리 만드네.
중이 보고 절이 있는지 의심하고,
학이 보고 소나무가 없는 것을 한하네.
번갯불은 나무꾼의 도끼날이고,

---

68) 고시관(考試官) : 과거시험을 관장하는 지공거(知貢擧)를 이름. 지공거는 중국 당나라에서 처음 설치한 것으로, 공(貢)은 추천하여 보낸다는 뜻이고, 거(擧)는 뽑아서 쓴다는 뜻이며, 지(知)는 맡아서 주관한다는 뜻임. 보좌관으로 동지공거(同知貢)를 두었음. 왕이 시험을 주례하는 형식으로 치러졌던 전시(殿試)에서는 고시관이 응시자가 제출한 답안지를 읽고 그 내용을 왕에게 설명해야 했으므로 이때는 지공거를 특별히 독권관(讀卷官)이라고 불렀음.

69) 여름 구름은 기이한 봉우리 많이 만드네.[夏雲多奇峯] : 시제로 제시한 이 구절은 중국 진(晉)나라 전원시인인 도연명(陶淵明, 365~427)의 「사시(四時)」라는 시제의 제2행을 따온 것으로 그 전문을 소개하면, '春水滿四澤, 夏雲多奇峯. 秋月揚明輝, 冬嶺秀孤松.'(『도연명집』 권3)

우레 소리는 보이지 않는 절간의 종소리네.
누가 산은 움직이지 않는다고 했던가,
저물녘 바람에 날아가 버렸네.

白日當天中,
浮雲自作峰.
僧看疑有寺,
鶴見恨無松.
電影樵童斧,
雷聲隱寺鍾.
誰云山不動,
飛去夕陽風.

고시관이 그 시를 읽어나가다가 함련(頷聯)에 이르러서는 '경발(警發)한 시어'라고 극찬하고 마침내 최우수 작품으로 뽑았다고 한다. 함련에서 '승간(僧看)'·'학견(鶴見)'은 아름답지만, 그 외 나머지 연구들은 모두 어린 아이의 말이라서 고시관이 어떻게 이런 작품을 걸작으로 뽑았는지 알 수 없다.

7.　侍中金富軾. 學士鄭知常, 文章齊名一時, 兩人爭軋不相能. 世傳, 知常有, 琳宮梵語罷, 天色淨琉璃之句. 富軾喜而索之, 欲作己詩, 終不許. 後知常爲富軾所誅, 作陰鬼. 富軾一日, 詠春詩曰. 柳色千絲綠. 桃花萬點紅. 忽於空中, 鄭鬼批富軾頰曰, 千綠萬點, 孰數之也, 何不曰, 柳色絲絲綠, 桃花點點紅. 富軾心頗之惡之. 後往一寺, 偶登廁, 鄭鬼從後握陰囊曰, 不飮酒何面紅. 富軾徐曰. 隔岸丹楓. 照面紅. 鄭鬼緊握陰囊曰. 何物皮囊子. 富軾曰. 汝父囊鐵乎, 色不變. 鄭鬼握囊尤力, 富軾竟死於廁中.

시중(侍中)[70] 김부식(金富軾)[71]과 학사 정지상은 문장으로 한때

---

70) 시중(侍中) : 고려시대 최고 정무기관인 중서문하성의 수상직으로 종1품에 해당됨. 같은 품계인 상서령(尙書令)과 중서령(中書令)이 종친이나 원로 재상에게 주는 치사직(致仕職)·증직(贈職)·명예직으로 이용되었으므로 실질적인 최고 관직으로서 수상의 지위에 해당됐으므로 시중은 정사당(政事堂)에서 정치를 의논하고 재추회의(宰樞會議)를 주관하는 등 국사를 주도하였음. 조선조 때는 좌·우의정으로 명칭이 바뀌었음.
71) 김부식(金富軾, 1075~1151) : 고려 전기의 문신으로 자는 입지(立之), 호는 뇌천(雷川). 신라 귀족의 후예로서 고려 건국 이후 경주의 첫 주장(州長)을 지낸 위영(魏英)의 증손자이고 국자좨주·좌간의대부(國子祭酒左諫議大夫)를 지낸 근(覲)의 셋째 아들로 묘청(妙淸), 정지상 등의 혁신세력에 의해서 전개됐던 서경천도운동을 적극적으로 반대했던 보수적 인물이었음. 23년 송나라 사신인 노원적을 수행하여 고려에 왔던 서긍(徐兢)이 편찬한 『선화봉사고려도경(宣和奉使高麗圖經)』의 인물조에서 그를 "박학강식(博學强識)해 글을 잘 짓고 고금을 잘 알아 학사들의 신복을 받으니 능히 그보다 위에 설 사람이 없다."라고 평할 정도였으므로 당대에 어느 누구보다도 견식이 뛰어났다고 하겠음. 『삼국사기』, 『예종실록』, 『인종실록』 편찬을 주도했으며, 저서로 『문열공집(文烈公集)』이 있었다고 하나 지금 전하지 않음. 관직은 중서시랑평장사(中書侍郎平章事)에 올랐음. 시호는 문열(文烈).

함께 이름을 나란히 했지만, 두 사람 사이에 알력이 생겨서 서로를 인정하지 않았다. 세속에서 전하는 얘기가 있다.

정지상이,

임궁(琳宮)[72]엔 불경소리 끝나니,
하늘 색은 유리알처럼 맑네.

琳宮梵語罷,
天色淨琉璃.

라는 시구를 지은 적이 있었는데, 김부식이 그 시를 좋아해서 그것을 자기 시로 삼으려 했으나 정지상이 끝내 허락하지 않았다. 나중에 정지상이 김부식에게 죽임을 당하여[73] 음귀(陰鬼)가 되었더니, 김부식이 하루는 봄을 읊은 시를 지어,

---

72) 임궁(琳宮) : 선궁(仙宮)이나 도가의 도관(道觀) 또는 대궐의 전당(殿堂)을 미화해서 부르는 명칭이나 여기서는 사찰을 가리킴.
73) 정지상이 김부식에게 죽임을 당하여 : 고려 전기의 지나치게 방만한 귀족 중심의 정치와 피폐해져 가는 시대 현실을 광정(匡正)하기 위해 혁신세력을 대변하던 묘청과 정지상 등이 서경천도와 칭제건원(稱帝建元)을 주장하며 반란을 일으키자 당시 집권층으로 보수세력의 선봉장이었던 김부식이 난을 평정하는 도원수(都元帥)로 임명되어 서경으로 출군(出軍)하기에 앞서서 반란의 수괴로 지목된 정지상을 참살했던 사건을 말함. 『고려사』에 기록된 다음의 기사에서 그 사실을 확인할 수 있음. '王召問兩府大臣, 將出師, 富軾與諸相議曰, 西都之反, 鄭知常金安白壽翰等與謀, 不去是人, 西都不可得平. …… 諸相深然之, 召知常等三人, 至密諭正純使勇士, 曳出三人斬於宮門外, 乃奏之.(『고려사』 권98 열전 권11 김부식전)

버들 빛은 일천 실이 푸르고,
복사꽃은 만 점이 붉네.

柳色千絲綠,
桃花萬點紅.

라고 읊었는데, 갑자기 공중에서 정지상 귀신이 김부식의 뺨을 후려치면서,

"일천 실인지, 일만 점인지 누가 세어 보았느냐? 왜,

버들 빛은 실실이 푸르고,
복사꽃은 점점이 붉구나.

柳色絲絲綠,
桃花點點紅.

라고 하지 않는가?"

라고 하니, 김부식이 마음속으로 크게 그를 미워하였다. 뒤에 김부식이 어느 한 절에 가서 측간에 올라앉아 있는데, 정지상 귀신이 뒤에서 음낭을 꽉 잡은 채 묻기를, "술도 마시지 않았는데, 왜 낯은 붉은가?"하자, 김부식이 천천히 대답하기를, "언덕 너머에 있는 단풍이 얼굴에 비쳐 붉어졌다."하니, 정지상 귀신이 쥐고 있던 음낭을 더욱 세게 죄며, "이 가죽주머니는 뭐더냐?"하자,

김부식이 "그럼 네 아비의 가죽주머니는 무쇠더냐?"라고 하며 태연하게 얼굴빛을 취했다. 정지상 귀신이 더욱 세게 음낭을 잡아당기니 김부식이 마침내 측간 안에서 죽었다.

8. 濮陽吳世才德全, 爲詩遒邁勁俊, 其詩之膾炙人口者, 不爲 不多, 而未見其能押强韻. 及登北山, 欲題戟巖, 使人呼韻, 其人故 以險韻呼之. 吳題曰, 北嶺石巉巉, 邦人呼戟巖. 迥椿乘鶴晉, 高 刺上天咸. 揉柄電爲火, 洗鋒霜是鹽. 何當作兵器, 亡楚却存凡. 其後有北朝使, 能詩人也, 聞此詩, 再三歎美, 問, 是人在否. 今作 何官, 儻可見之耶. 我國人茫然, 無以對. 余聞之曰, 何不道今之 制誥學士也. 其昧權如此, 可歎.

복양74) 오세재 덕전75)의 시가 힘차고 굳세어서 세상 사람들의 입에 오르내린 것이 적지 않았으나 운자로 달기 어려운 강운자(强韻 字)를 능란하게 구사하여 지은 시는 보지 못했다. 그가 북산에 올라 창바위[戟巖]76)를 두고 시를 지어보고자 하여 다른 사람을 시켜 운자

---

74) 복양(濮陽) : 중국 오씨(吳氏)의 관향으로 지금의 하남성 청풍현(淸豊縣) 남쪽 지역임. 고려 시대에는 우리나라 성씨의 관향을 중국의 관향을 사용하기도 했음. 오세재도 그 조부 오학린(吳學麟)이 고창 오씨의 시조인 만큼 고창을 관향 으로 삼아야 했으나 당시의 유행을 좇아 복양을 관향으로 즐겨 쓴 듯함. 그 예로 이씨(李氏)는 농서(隴西), 조씨(趙氏)는 천수(天水), 유씨(柳氏)는 하동(河東), 정씨(鄭氏)는 영양(榮陽), 임씨(林氏)는 서하(西河), 황씨(黃氏)는 강하(江夏)라는 중국의 관향을 사용했음.
75) 오세재(吳世才, 1133~?) 덕전(德全) : 고려 중기의 문인으로 덕전은 그의 자. 조부는 한림학사를 지낸 학린(學麟)이고, 형 세공(世功), 세문(世文)과 함께 삼형제가 문명을 떨쳤음. 시문에 능하고 학문이 뛰어나 과거에 급제했으나 시세에 영합하지 않아 평생 포의(布衣)로 지내다 불우하게 죽었음. 「한림별곡」에 '오생유생(吳生劉生) 양선생(兩先生)의 위 주필(走筆)'이라고 하여 그의 문학적 역량을 찬양하였음. 이규보의 『동국이상국집』 권37에 실려 있는 「오선생덕전 애사 병서(吳先生德全哀詞 幷序)」에 그의 생애와 학문에 대해서 잘 소개하고 있음. 그의 작품으로 오언율시 2편, 칠언율시 1편이 『동문선』에 전하고 있음. 사시(私諡)는 현정선생(玄靜先生).

를 내게 했는데, 그 사람이 일부러 어려운 운자를 불렀다. 오세재가 시를 지어 이르기를,

북령의 바위 깎아지른 듯하여,
세상 사람들 창바위라 하네.
멀어서 학을 타고 나는 왕자 진[77]에 닿을 듯하고,
높아서 하늘로 올라가는 무함(巫咸)[78]을 찌를 듯하네.
번갯불처럼 번쩍이는 휘어진 자루요,
흰 서릿발 같이 씻은 듯한 칼끝이로다.
어찌하면 무기로 만들어서,
초나라 망치고 범나라 남길 것인가.[79]

北嶺石巉巉,
邦人呼戟巖.
迥挳乘鶴晉,

---

76) 창바위[戟巖] : 개성 북쪽 31리에 위치한, 창 모양으로 생긴 바위를 가리킴.(『신증동국여지승람』 권4 개성부 하 참조)
77) 왕자 진(晉) : 중국 주나라 영왕(靈王)의 태자 진을 이름. 피리를 잘 불어 후령(緱嶺)에서 신선이 되어 학을 타고 하늘로 올라갔다고 함.(중국 전한(前漢)의 경학가였던 유향(劉向)이 편찬한 『열선전(列仙傳)』을 참조)
78) 무함(巫咸) : 중국 황제(黃帝) 때 신무(神巫)인 계함(季咸), 혹은 은(殷)나라 중종(中宗) 때의 정승으로 처음 신무(神武)가 된 사람이라고도 함.
79) 초나라 망치고 범(凡)나라 남길 것인가 : 이 말은 『장자』 전자방(田子方)에 대국인 초나라 문왕(文王)의 신하가 소국인 범나라가 망했다고 하자, 나라가 망했을지라도 그 나라를 다스리는 왕이 존재한다면 망하지 않았다는 범나라 희후(僖侯)의 궤변이 소개되어 있음.

高刺上天咸.
揉柄電爲火,
洗鋒霜是鹽.
何當作兵器,
亡楚却存80)凡.

그 뒤에 북조의 사신81)으로 우리나라에 온 사람이 있었는데, 시에 조예가 깊었다. 그 사람이 이 시를 들어보고는 재삼 감탄하여 묻기를,

"이 사람이 지금 살아 있는가? 살아 있다면 지금 무슨 벼슬을 하고 있는가? 혹시 그 사람을 지금 만나볼 수 있는가?"

라고 하였는데, 우리나라 사람이 멍청하게도 아무런 대꾸도 못했다. 나는 그 사실을 듣고는,

"왜 지금 그 사람이 제고학사(制誥學士)82)로 있다고 말하지 않

---

80) 存 : 『동문선』 권9 오언율시 「극암」에서는 '亡'으로 되어 있음.
81) 북조(北朝)의 사신 : 중국 송나라를 개봉(開封)에서 몰아내어 강남으로 내쫓고 실제 중국을 지배하고 있던 금(金)나라에서 온 사신을 가리킴.
82) 제고학사(制誥學士) : 제고는 왕명을 뜻하는 조칙(詔勅)으로 여기서는 그런 조칙을 맡아서 짓는 사람인 지제고(知制誥)를 가리킴. 실제 오세재는 관직을 역임하지 못했지만 이규보가 그의 문재(文才)가 뛰어나 제고학사에 임명될 만하였으나, 무인집권자들에게 용납되지 않아 자신의 능력을 발휘할 수 없었던 사실이 안타까운 나머지 비꼬아서 왜곡된 현실을 한 말임.

앉는가?"

그가 이같이 권변(權變)에 무지한 것이 한스럽다.[83]

---

83) 그가 권변(權變)에 …… 한스럽다. : 이 말은 오세재가 탁월한 능력을 가지고 있으면서도 현실에 제대로 대응하여 여세추이(與世推移)하지 못하고 불우하게 살아갔던 것을 이규보가 한스럽게 여긴다는 것임.

9.　先輩有以文名世者七人, 自以爲一時豪俊, 遂相與爲七賢, 蓋慕晉之七賢也. 每相會, 飮酒賦詩, 旁若無人, 世多譏之. 時余年方十九, 吳德全許爲忘年友, 每携詣其會. 其後德全遊東都, 余復詣其會, 李淸卿目余曰, 子之德全, 東遊不返, 子可補耶. 吾立應曰, 七賢豈朝廷官爵, 而補其闕耶, 未聞嵇 阮後, 有承之者, 闔坐皆大笑. 又使之賦詩, 占春 人 二字, 余立成口號曰, 榮參竹下會, 快倒甕中春, 未識七賢內, 誰爲鑽核人. 一座頗有慍色, 卽傲然大醉而出. 余少狂如此, 世人皆目以爲狂客也.

　선배로서 문장으로 세상에 이름이 난 일곱 사람이 있었다. 스스로 당대의 호방하고 준걸한 문장가라고 여기더니 마침내 서로 어울려 칠현[84]이라 하였다. 이는 아마 중국 진(晉)나라의 칠현[85]

---

84) 칠현(七賢) : 고려 무인난 이후에 이인로(李仁老), 오세재(吳世才), 임춘(林椿), 조통(趙通), 이담지(李湛之), 함순(咸淳), 항보항(皇甫抗) 등 7명에 의해서 결성됐던 죽림고회(竹林高會)를 가리킴. 이들은 당대를 대표하는 문인들로서 무인난 이후에 자행되던 무단정치에 처세하기가 어려웠으므로 이런 모임을 결성하여 시주(詩酒)를 즐기며 현실에서 벗어나 자유롭게 노닐고자 했음. 그러나 이들 모두는 현실참여에 적극적이었기 때문에 당시 끝까지 현실에 복귀하지 않았던 신준(神俊), 오생(悟生), 권돈례(權敦禮) 같은 사람과는 다른 처세 행보를 보였고, 중국의 죽림칠현처럼 현풍(玄風)을 받아들여 일세(逸世)의 취향(趣向)을 보이지도 못했음.

85) 진(晉)나라의 칠현(七賢) : 중국 진나라 시대 사마씨(司馬氏)의 철권정치를 피하여 자연에 귀의하여 청담을 즐겼던 7명의 은둔자들인 죽림칠현(竹林七賢)을 말함. 여기에 참여한 사람은 혜강(嵇康), 완적(阮籍), 산도(山濤), 상수(向秀), 유영(劉伶), 완함(阮咸), 왕융(王戎) 등으로, 이들은 노장사상을 흠모하여 현실에서 떠나 안분자족(安分自足)했음. '所與神交者, 惟陳留阮籍·河內山濤, 豫其流者, 河內向秀·沛國劉伶·籍兄子咸·琅邪王戎, 遂爲竹林之游, 世所謂竹林七賢也.'(『진서(晉書)』「혜강전(嵇康傳)」)

을 사모한다는 뜻이리라. 매번 서로 모여서 술을 마시고 시를 지었는데 마치 곁에 아무도 없는 것처럼 자부하였으므로 세상 사람들이 좋지 않게 여겼다.[86] 그때 내 나이가 열아홉이었는데 그 모임의 일원인 오덕전[87]이 나와 망년우를 맺어 가까이 지내고 있었으므로 매번 나를 데리고 모임에 참석했다. 그 후 덕전이 동도(東都)[88]에서 떠돌아다니고 있었을 때 내가 다시 그 모임에 참석한 적이 있었다. 그 자리에서 이청경[89]이 나에게 말하기를

자네 친구인 덕전이 동쪽에서 떠돌며 돌아올 줄 모르니 자네가 그 빈자리를 채우면 어떻겠는가?

라고 하였다. 내가 즉시 대꾸하기를

칠현이 조정의 관작이라도 된단 말씀입니까? 어찌 그 빈자리를 채우겠다고 하십니까? 저는 혜강(嵇康)[90]과 완적(阮籍)[91]이 죽

---

86) 『동국이상국집』과 『동문선』의 「칠현설(七賢說)」에는 세상 사람들이 그들의 안하무인격의 처사에 대해서 비난하자 '그 이후에는 조금 누그러들었다.[然後稍沮]'라는 내용이 추가되어 있음.
87) 오덕전(吳德全) : 덕전은 고려 중기의 문인인 오세재(吳世才, 1133~?)의 자.
88) 동도(東都) : 우리나라 동쪽 지역인 경주를 가리킴.
89) 이청경(李清卿) : 청경은 고려 중기의 문신인 이담지(李湛之)의 자. 이담지의 생애는 잘 알려져 있지 않지만 금나라로 사신을 간 사실과 토적병마서기(討賊兵馬書記)를 지낸 것이 『고려사』의 기록으로 남아 있음.
90) 혜강(嵇康, 223~262) : 중국 위진(魏晉) 시대의 문신으로 자는 숙야(叔夜). 중산대부(中散大夫)의 관직을 얻었으나 노장사상을 좋아하여 스스로 수양하는데

은 뒤에 그 빈자리를 이은 사람이 있었다는 말은 들어보지 못하였습니다.

라고 하였다. 좌중이 모두 크게 웃었다. 또 나에게 시를 짓게 하고는 '춘(春)'과 '인(人)' 두 글자를 압운자로 주기에 내가 즉시 그 자리에서 소리 내어 시를 읊었는데, 이러하다.

영광스럽게도 죽림의 모임에 참석하여,
유쾌하게 독안의 술[92]을 기울였네.
모르겠구나 칠현 중에서,
누가 씨앗에 구멍 뚫는 사람[93]인지.

힘을 기울였고, 거문고와 술을 벗 삼는 것으로 자족(自足)했음. 저서에 『혜중산집(嵇中散集)』 10권이 전함.
91) 완적(阮籍, 210~263) : 중국 위진 시대의 문신으로 자는 진류(陳留). 수많은 책을 두루 읽고 노장사상을 좋아하였으며, 거문고와 술을 벗 삼았음. 세상과의 갈등을 피해 늘 술에 취하여 살았다고 함. 예속지사(禮俗之士)를 백안시(白眼視)하였고, 청담지사(淸談之士)를 청안시(靑眼視)한 일화를 남겼음.
92) 독안의 봄[瓮中春] : 술을 가리키는 말로, '춘(春)'은 명주(名酒)의 명칭 끝에 붙여서 술의 뜻으로 사용됐는데, 당나라 때부터 사용되었음. 이백의 시 「기위남릉빙(寄韋南陵氷)」 가운데 '堂上三千珠履客, 瓮中百斛金陵春.'에서 쓰였음. 당나라 이조(李肇)가 편찬한 『당국사보(唐國史補)』 하(下)에 '酒則有郢州之富水, 烏程之若下, 滎陽之土窟春, 富平之石凍春, 劍南之燒春.'
93) 씨앗에 구멍 뚫을 이[鑽核人] : 중국 위진 시대의 문신인 왕융(王戎, 234~305)을 가리킴. 왕융은 몹시 인색하여 자기 집에 좋은 오얏나무가 있었는데 다른 사람이 혹 그 씨를 얻어 심을까 염려하여 오얏을 먹고 나면 반드시 씨를 송곳으로 뚫어 싹을 못 틔우게 했다고 함. '王戎有好李, 賣之恐人得其種, 恒鑽其核.'(『세설신어(世說新語)』 검색儉嗇편) 왕융의 자는 준충(濬沖), 관직은 고위직인 이부상서(吏部尙書)에 올랐으며, 나라에 공이 많아 능력에 맞지 않은 벼슬을 지냈다고 함.

榮參竹下會,
快倒瓮中春.
未識七賢內,
誰爲鑽核人.

자리를 같이 했던 사람들이 자못 화난 기색을 보였으나 나는 오만한 자세로 앉아 있다가 술이 거나해져 나와 버렸다. 내가 어려서부터 이 같은 광기가 있었으므로 세상 사람들이 나를 광객(狂客)94)이라고 하였다.95)

『세설신어』에 보면 그는 젊어서는 후덕했지만 늙어 세상이 혼란스럽게 되자 인색하게 됐다고 함.
94) 광객(狂客) : 언행이 자유분방하고 상도(常道)에 얽매이지 않는 사람을 이름. '古之狂也狂肆, 今之狂也蕩.'(『논어』 양화 陽貨) '如琴張·曾晳·牧皮者, 孔子之所謂狂往來相譏.'(『맹자』 진심盡心 하下), '一州笑我爲狂客, 少年往往來相譏.'(당나라 이백李白의 「취후 답정 18수(醉後答丁十八首)」)
95) 이 내용은 『동국이상국집』권21 「칠현설(七賢說)」을 전재한 것이나 둘 사이에 글자의 출입이 있음. 조선조 후기의 학자 이덕무(李德懋, 1741~1793)의 저서인 『청장관전서(靑莊館全書)』「이목구심서(耳目口心書)에도 같은 내용이 실려 있는데 이덕무는 그 글에서 격식에 얽매이지 않고 일정한 주견 없이 떠돌아다니며 술을 즐기는 호사가라는 의미에서 이들을 '떠돌아다니는 사람'[浮浪之人]이라고 하였음. '奎報口號云, 未識七賢內, 誰爲鑽核人, 一座皆有慍色. 其所謂七賢者, 皆應浮浪之人也'

10. 余昔登第之年, 嘗與同年遊通濟寺, 余及四五人, 佯落後徐行, 聯鞍唱和, 以首唱者韻, 各賦四韻詩, 此旣路上口唱, 非有所筆, 而亦直以爲詩人常語, 便不復記之也. 其後再聞, 有人傳云. 此詩流入中國, 大爲士大夫所賞. 其人唯誦一句云, 蹇驢影裏碧山暮, 斷鴈聲中紅樹秋. 此句尤其所愛者. 余聞之亦未之信也. 後復有人能記一句云, 獨鶴何歸天杳杳, 行人不盡路悠悠, 其首落句, 則皆所不知也. 余雖未聰明, 亦不甚椎鈍者也, 豈其詩率爾而作, 略不置意而偶忘之耶. 昨者, 歐陽伯虎訪余, 有坐客言及此詩, 因問之曰, 相國此詩, 傳播大國, 信乎. 歐遽對曰, 不唯傳播, 皆作畵簇看之. 客稍疑之, 歐曰, 若爾, 余明年還國, 可賫其畵及此詩全本來以示也. 噫, 果若此言, 則此實非分之言, 非所敢當也. 次前所寄絶句, 贈歐, 曰 慚愧區區一首詩, 一觀猶足又圖爲. 誰知中國曾无外, 無乃明公或有欺.

내가 옛날 과거에 급제하던 해[96]에 동년(同年)들과 통제사(通濟寺)[97]로 놀이를 갔다. 그때 나와 네댓 사람이 일부러 뒤떨어져서 말안장을 나란히 한 채 천천히 가면서 시를 창화(唱和)[98]하였는데,

---

96) 과거에 급제하던 해 : 고려 중기의 대문호인 이규보(1168~1241)는 일찍이 과거에 뜻을 두어 16세(1183) 때 처음으로 사마시에 응시하였으나 세 번 내리 불합격했다가 22세에 사마시에 일등으로 뽑혔고, 그 다음해인 1190년 6월에 본과(本科)인 예부시(禮部試)에 급제했으나 등급이 낮아 급제를 사양하려 했지만 아버지 윤수(允綏)가 준열하게 꾸짖었으므로 사양하지 못했음.(『동국이상국집』 연보年譜 참조)
97) 통제사(通濟寺) : 고려시대의 절 이름. 임진강 가의 장단 남쪽 35리에 있었음.
98) 창화(唱和) : 다른 사람이 지은 시(詩)나 사(詞)의 원래 운(韻)에 맞추어 화답(和答)한다는 것을 이름. 이 말은 『시경』에 처음 나오는 것으로, 叔兮伯兮, 倡子和女.(『시경』·정풍鄭風)

맨 먼저 지은 사람의 시운(詩韻)을 가지고 각자 사운시(四韻詩)[99]를 지었다. 이 시는 이미 길을 가며 입으로 부른 것이라 붓으로 쓸 만한 것이 되지도 않거니와, 또한 시인들 사이에서 일상적으로 행해지던 일이라고 생각하여 아예 기억에 두지도 않았었다. 그런데 그 뒤에 두 번이나 다음과 같은 이야기를 들었다. 어떤 사람이 전하기를,

이 시가 중국에 흘러들어가서 사대부들에게 크게 칭송받고 있다.

고 하였다. 그 사람이 오직 다음의 한 연구를 읊어.

절룩거리는 나귀의 그림자 속에 푸른 산 저물고,
처량한 기러기 울음 속에 단풍 붉게 물든 가을이로다.

蹇驢影裏碧山暮.
斷鴈聲中紅樹秋.

라고 하고는, "이 연구가 그 중에서도 제일 사랑을 받는다."고 하였다. 나는 그 말을 듣고도 믿기지 않았다.
  그 뒤에 또 어떤 사람이 한 연구만을 기억한다고 하며 읊기를,

외로운 학은 어디로 갔는지 하늘은 아득하기만 하고,

---

99) 사운시(四韻詩) : 격구(隔句)의 끝에 각운자를 두는 방식으로 구성된 5·7언 율시를 가리킴.

길 가는 사람 끊이지 않는데 길은 아득하기만 하네.

獨鶴何歸天杳杳,
行人不盡路悠悠.

라고 하고는, 그 첫 연구와 마지막 연구는 알지 못한다고 하였다. 내가 비록 총명하지는 못하나 그래도 그렇게 노둔한 편은 아닌데, 그 시를 기억하지 못하는 것은 아마 그때 갑작스레 짓고는 조금도 마음에 두지 않았기 때문일 것이다.

지난번에 구양백호(歐陽伯虎)[100]가 나를 찾아왔을 때 자리에 같이 있던 어떤 사람이 이 이 시에 대해서 언급하고는 묻기를,

상국(相國)의 이 시가 대국에 전파되었다고 하는데 맞는 말인지요?

라고 하니, 구양 백호는 선뜻 대답하기를,

전파되었을 뿐만 아니라, 많은 사람들이 그림족자[畫簇]를 만들어 걸어두고 보기도 한답니다.

---

100) 구양백호(歐陽伯虎) : 중국 송나라의 문인으로 추측되며, 이규보의 『동국이상국집후집』에 두 사람이 주고받은 시가 수록되어 있으나 그 외의 일에 대해서는 잘 알 수 없음. 자신이 구양수(歐陽脩, 1007~1072)의 11세 후손이라고 하나 이규보(1168~1241)의 생몰 연대와 비교하면 11세 후손이라는 말이 성립될 수 없음.

라고 하였다. 그러나 그 사람이 못내 미더워하지 않자 구양 백호가 이르기를,

> 그렇게 믿기지 않으신다면, 제가 내년에 본국에 돌아가 그림과 시의 전본을 싸가지고 와서 보여드리지요.

라고 하였다. 아! 과연 이 말대로라면, 이는 실로 분에 넘치는 말로 내가 감당할 것이 못된다.
전에 부쳐 보냈던 절구시에 차운하여 구양 백호에게 주었는데, 그 시는 이러하다.

> 부끄럽도다! 구구한 이 한 수의 시,
> 한 번 보아주는 것만도 족한데 또 그림까지 그렸다니.
> 중국이 이처럼 외국사람 차별하지 않음을 누가 알았던가,
> 명공101)께서 혹 나를 속이는 것은 아니신지.102)

> 慚愧區區一首詩.
> 一觀猶足又圖爲.
> 誰知中國曾无外.
> 無乃明公或有欺.

---

101) 명공(明公): 명성과 지위가 있는 사람에 대한 존칭. '明公將有問, 林下是靈龜'(원진元稹의 「증 이십팔시(贈李十八詩)」)
102) 이상의 부분은 『동국이상국집후집』 권4에 실려 있는 「차 전소기절구운 증 구양이십구백호(次前所寄絶句韻贈歐陽二十九伯虎)」의 글을 전재하였으나 둘 사이에 글자의 출입이 있음.

11. 余自九齡, 始知讀書, 至今手不釋卷. 自詩書六經 諸子百家 史筆之文, 至於幽經僻典 梵書 道家之說, 雖不得窮源探奧, 鉤索深隱, 亦莫不涉獵游泳, 探菁撫華, 以爲騁詞摛藻之具. 又自伏羲已來, 三代 兩漢 秦 晉 隋 唐 五代之間, 君臣之得失, 邦國之理亂, 忠臣 義士 奸雄 大盜, 成敗善惡之跡, 雖不得幷包幷括, 擧無遺漏, 亦莫不截煩撮要, 覽觀記誦, 以爲適時應用之備. 其或操觚引紙, 題詠風月, 則雖長篇巨題, 多至百韻, 莫不馳騁奔放, 筆不停輟. 雖不得排比錦繡篇列珠玉, 亦不失詩人之體裁. 顧自負如此, 惜終與草木同腐. 庶一提五寸之管, 歷金門上玉堂, 代言視草, 作批勅訓令皇謨帝誥之詞, 宣暢四方, 足償平生之志, 然後乃已. 豈碌碌瑣瑣, 求斗升祿, 謀活其妻子者之類乎. 嗚呼, 志大才疎, 賦命窮薄, 行年三十, 猶不得一郡縣之任. 孤苦萬狀, 有不可言者, 頭顱已可知己. 自是, 遇景則謾詠, 遇酒則痛飮, 以放浪於形骸之外.

  나는 아홉 살 때부터 책을 읽기 시작했는데, 지금에 이르러서도 손에서 책을 놓지 않는다. 『시경』·『서경』 같은 육경(六經)103)과 제자백가·역사서의 글에서부터 유경벽전(幽經僻典)104)이나 불경·도교의 설에 이르기까지 모든 전적을 읽어 그 근원을 궁구하고 심오한 이치를 탐구하여 깊고 은밀한 뜻을 알아내는 데에는 이

---

103) 육경(六經) : 유가의 기본 경전을 가리키는 말로, 『시경(詩經)』, 『서경(書經)』, 『역경(易經)』, 『예기(禮記)』, 『춘추(春秋)』, 『악기(樂記)』를 말하나 『악기』 대신 『주례(周禮)』를 꼽기도 함.
104) 유경벽전(幽經僻典) : '유경'은 인상(人相)이나 지상(地相)을 살펴 길흉을 점치는 상학경(相鶴經)으로 신선(神仙)이나 풍수지리에 관련된 비서(秘書)를 의미하고, '벽전'은 쉽게 찾아볼 수 없는 희귀한 전고(典故)를 싣고 있는 책을 말함.

르지 못하였지만, 실로 그러한 책을 두루 섭렵하면서 훌륭한 글귀나 좋은 내용을 찾아 모아서 시문을 짓고 꾸밀 때의 자료로 삼았다. 또한 복희씨 이래로 삼대(三代)[105]・양한(兩漢)・진(秦)나라・진(晉)나라・수(隋)나라・당(唐)나라・오대(五代)[106]를 거쳐 오면서 나타난 군신(君臣)의 득실, 나라 안의 치란(治亂) 그리고 충신의사(忠臣義士)・간웅대도(奸雄大盜)의 성패와 선악의 자취를 모두 수렴하여 다 외우지는 못하였지만 그중에 번잡한 것은 제거하고 요점만을 취해서 거울 보듯 자세히 보고 기송(記誦)하여 적절한 때에 응용하기 위한 만반의 준비태세를 갖추었다. 혹 종이를 가져다 글을 쓰거나 음풍농월의 시를 짓게 되면 비록 일백 운(百韻)이 넘는 장편거제(長篇巨題)의 시를 짓더라도 아무런 거리낌 없이 자유분방하게 바삐 써내려가느라 붓을 멈출 줄 모른다. 비록 아름다운 비단을 늘어놓거나 보배 같은 주옥을 엮어놓은 듯한 훌륭한 시문에 비견될 정도로 좋은 글을 지을 수는 없지만, 그래도 시인으로서 갖추어야 할 체제(體裁)는 잃지 않았다. 돌아보건대 자부함이 이와 같은데도 종당에는 초목과 함께 썩고 말 것이니 애석하도다. 바라기는 한번 붓을 들어 금문(金門)[107]을 지나 옥당(玉堂)[108]에 올

---

105) 삼대(三代) : 중국 고대 왕조인 하(夏)나라, 은(殷)나라, 주(周)나라를 가리킴.
106) 오대(五代) : 중국에서 당(唐)나라의 멸망(滅亡)한 시점에서부터 송(宋)나라가 통일(統一)할 때까지 53년 동안 화북(華北)을 중심(中心)으로 흥망한 후오대(後五代), 곧 후량(後梁)・후당(後唐)・후진(後晉)・후한(後漢)・후주(後周) 등의 다섯 나라를 가리킴.
107) 금문(金門) : 금마문(金馬門)의 준말로, 한나라 때의 미앙궁(未央宮)에 딸려 있던 문. 대궐에 근무하는 문사들이 이 문으로 출입하였다고 함.

라109) 왕을 대신하여 글을 짓고, 비칙(批勅)110)·훈령(訓令)·황모(皇謨)·제고(帝誥)의 글을 지어 사방에 널리 선포하는 등 평생에 걸쳐 하고 싶은 일을 후회 없이 펼쳐본 뒤에야 그만 둘 수 있었으면 한다. 그러니 어찌 대수롭잖고 얼마 안 되는 녹을 구하여 처자를 먹여 살리려는 무리에 들 수 있겠는가. 아, 뜻은 크나 재주가 보잘 것 없으며 타고 난 운명조차도 궁색하여 나이 삼십이 되었는데도 아직 한 고을의 벼슬도 얻지 못하였다. 외롭고 고생스런 온갖 궁상을 다 말 할 수 없으니 나의 앞날은 이미 알 만한다.111) 이로부터 경치를 만나면 부질없이 읊조리고 술을 대하면 통음하게 되어 현실 밖에서 방랑하련다.

---

108) 옥당(玉堂) : 관서(官署)의 이름. 한나라 때는 시중(侍中)에게 소속되었고, 송나라 이후에는 한림원(翰林院)의 별칭으로 쓰였음. 옥당금마(玉堂金馬)라는 말이 있는데, 이는 한나라 때 미앙궁의 부속 전각이고, 금마는 대궐 안을 드나들던 문으로 둘 다 학사들이 천자의 명령을 기다리던 곳임. 후세에는 한림원의 별칭으로 쓰였음.
109) 금문을 지나 옥당에 올라[歷金門上玉堂] : 이 말은 한나라의 유명한 부(賦) 작가인 양웅(揚雄)의 작품「해조(解嘲)」에 '與群賢同行, 歷金馬上玉堂有日矣.'라고 한 것에서 용사한 것임.
110) 비칙(批勅) : 조칙(詔勅)에 대한 비평이라는 뜻으로, 왕의 조서에 불가한 내용이 있을 경우에 왕을 대신하여 신하가 자기의 의견을 말미에 적어 넣는 것을 말함.
111) 앞날은 이미 알 만한다[두로(頭顱)] : 두로는 해골이나 머리를 뜻하는 말로, 앞길이 어떻게 전개될 지 충분히 예상할 수 있다는 것임. 소식(蘇軾)의「답 임사중가 한공(答任師中家漢公)」이라는 시에 '내 나이 마흔 두 살, 머리카락 성겨 빗질도 못하네. …… 앞날을 이미 알 만하니, 시골 사람과 다를 게 뭐 있으리.'(我今四十二 衰髮不滿梳 …… 頭顱已可知 幾何不樵漁)라는 구절이 있음.

백운소설(白雲小說) 63

方春風和日暖, 百花競發, 良辰不可負也, 遂與尹學錄置酒遊賞,
作詩累十篇, 興闌因醉睡, 尹呼韻, 勸余賦詩, 余卽步韻以應曰, 耳
欲爲聾口欲瘖, 窮途益復世情諳. 不如意事有八九, 可與語人無二
三. 事業皐夔期自比, 文章班馬擬同參. 年來點撿身名上, 不及前賢
是我慙.

때는 이제 봄이라 바람이 부드럽고 날씨가 따뜻하여 온갖 꽃들이
다투어 피는 좋은 시절을 그냥 넘길 수 없어 윤학록(尹學錄)112)과
술자리를 함께 하여 자유롭게 봄 경치를 감상하면서 수십 편의 시
를 지었다. 흥이 무르익어 가는 중에 술에 취하여 졸고 있는 나에게
윤학록이 운자를 부르며 시를 지으라고 권하기에 내가 곧 보운(步
韻)113)으로 시를 지었다.

    귀는 귀머거리가 되고자 하고 입은 벙어리가 되고자 하니,
    곤궁한 처지라 갈수록 세상인심 잘 알겠네.
    뜻과 같지 않은 일들은 열에 여덟아홉이나 되고,
    함께 말할 수 있는 사람은 열에 두서넛도 안 되네.

---

112) 윤학록(尹學錄) : 고려 중기의 문신인 윤세유(尹世儒)를 가리킴. 학록은 그의
    관직 이름으로, 고려 문종 때에 국자감에 두었던 정9품 관직. 국자감 재학생
    의 훈육과 학습활동을 독려하는 것이 주요 임무였음. 그는 외부원예랑(禮部員
    外郞, 정6품)에 올랐으나 광인(狂人)으로 불릴 정도로 술을 좋아했으므로 높
    은 지위에는 오르지 못했음.(『고려사』 권96 윤관전尹瓘傳)
113) 보운(步韻) : 시를 지을 때 남의 시 운자를 따라 그 시에 화답하는 것을 이름.
    당나라 때 백거이(白居易)와 원진(元稹)이 서로의 시에 화답한 것이 처음으
    로, 송나라에 와서 크게 유행했음. 화운(和韻), 차운(次韻)이라고도 함.

사업은 고·기[114]와 스스로 견주고자 했고,

문장은 반·마[115]와 나란히 하려 했네.

연래에 나의 몸과 명예 살펴보니,

옛 성현에 미치지 못하여 부끄럽네.

耳欲爲聾口欲瘖,

窮塗益復世情諳.

不如意事有八九,

可與語人無二三.

---

114) 고·기(皐夔) : 중국 순임금 때의 형관(刑官)이었던 고요(皐陶)와 악관(樂官)인 기(夔)를 가리킴. 일반적으로 현신(賢臣)을 뜻하는 말로 쓰임. 비슷한 말로 순임금 때의 네 사람의 현신을 뜻하는 고·기·직·설(皐夔稷契)이라는 말이 있음.

115) 반·마(班馬) : 한나라 때의 역사 저술자인 반고(班固, 32~92)와 사마천(司馬遷, BC145~BC86)을 가리킴.

※ 반고는 후한 초기의 역사가로 자는 맹견(孟堅). 여류 역사가로 반고가 편찬한 『한서(漢書)』를 보완해서 완성시킨 소(昭)의 오빠. 아버지 표(彪)의 유지(遺志)를 이어 20여 년의 노력 끝에 『한서(漢書)』를 완성하였음. 79년 여러 학자들이 백호관(白虎觀)에서 오경(五經)의 이동(異同)을 토론할 때, 황제의 명을 받아 『백호통의(白虎通義)』를 편집하였음. 문학 작품에 「양도부(兩都賦)」 등이 있음.

※ 사마천은 전한 시대의 역사가로 자는 자장(子長). 섬서성(陝西省) 용문(龍門, 지금의 한성시韓城縣)의 하양(夏陽)에서 출생하였음. BC110년 역사가였던 아버지 사마담(司馬談)이 죽으면서 자신이 시작한 『사기』의 완성을 부탁하였으므로 그 유지를 받들어 BC104년 천문 역법의 전문가로서 태초력(太初曆)의 제정에 참여한 직후 『사기』 저술에 본격적으로 착수하였음. 그러나 그는 흉노의 포위 속에서 부득이하게 투항하지 않을 수 없었던 이릉(李陵) 장군을 변호하다 무제의 노여움을 사서, BC99년 그의 나이 48세 되던 해 궁형을 받았지만 옥중에서도 저술을 계속하였으며, 정확하지는 않지만 BC91년경에 130권 52만 6천 5백자에 이르는 『사기』사기를 완성한 것으로 추측됨.

事業皐夔期自比,
文章班馬擬同參.
年來點撿身名上,
不及前賢是我慙.

尹謂余曰, 以八九對二三, 平仄不調. 公於平日, 文章浩汗激越, 雖累百韻律, 一揮而就, 雨駛風迅, 無一字瑕點, 今爲一小律, 反違簾, 何也. 余曰, 我今夢中所作, 故有不擇發耳. 八九改之以千萬, 亦無不可也. 但大羹玄酒, 不下醋酢, 大家手段, 固如是也, 公豈知之耶. 言未訖, 忽欠伸而覺, 乃一夢也. 遂以夢事, 具言于尹曰, 夢中便說夢作, 此所謂夢中夢也. 相對胡盧, 因戱占一絶曰, 睡鄕便與醉鄕隣, 兩地歸來只一身, 九十一春都是夢, 夢中還作夢中人.

윤학록이 나에게 말하기를

팔구로 이삼에 맞추니 평측(平仄)116)이 고르지 않구려. 공은 평소에 문장이 호한(浩汗)하고 기세가 굳세어서 비록 수백 운의 율시라도 한번 붓을 휘두르면 비가 쏟아져 내리고 강한 바람이 몰아치는 것처럼 빠르지만 한 글자도 흠이 없었는데 지금은 한 수의 짧은 율시를 짓는데도 도리어 염(簾)117)을 어겼으니 어찌 된

---

116) 평측(平仄) : 한자의 발음의 높낮이에 따라서 나누어진 평성(平聲)과 측성(仄聲)을 말함. 평성은 평성, 상성(上聲), 거성(去聲), 입성(入聲)등의 사성(四聲) 가운데 평성에 해당되는 30자의 운자가 있고(상평자와 하평자를 합친 숫자), 측성에는 상서, 거성, 입성 자를 합친 76자의 운자가 있음.

일입니까?

라고 하였다. 내가 대답하기를,

　　지금의 이 시는 내가 꿈속에서 지은 것이라 이것저것 가리지 않고 내놓았을 뿐이오. 팔구(八九)를 천만(千萬)으로 고쳐도 좋을 것 같소. 다만 대갱(大羹)118)과 현주(玄酒)119)가 초장만 못하지 않은 것처럼 대가의 솜씨는 본래 이와 같은데 공이 어찌 그러한 사실을 알겠소.

말을 채 마치지도 않았는데 갑자기 하품을 하고 기지개를 켜며 꿈에서 깨어났으니, 바로 한바탕의 꿈을 꾼 것이었다. 꿈속의 일을 그대로 윤공에게 말하기를,

　　꿈속에서 다시 꿈에 지은 것이라고 말하였으니 이것이 이른바 꿈속의 꿈이구려.

---

117) 염(簾) : 시에서 자음의 높낮이를 맞추는 것으로, 여기서는 성조를 맞추는 것을 말함.
118) 대경(大羹) : 오미(五味)를 첨가하지 않은 육즙을 말함. 『예기』 「예기(禮器)」에 '천자가 드는 큰 홀에는 조각을 하지 않으며, 제사에 올리는 대갱에는 조미료를 섞지 않는다.'(大圭不琢, 大羹不和)라고 하였음.
119) 현주(玄酒) : 제사나 의식에 쓰는 맑은 물을 가리키는 것으로 여기서는 대갱과 짝하여 아무것도 첨가되지 않은 깨끗한 물을 뜻함. 『예기』 「예운(禮運)」에 '그러므로 현주는 방에 두고, 식초는 문에 둔다.'(故玄酒在室, 醋酢在戶)라고 했음.

라 하고는 서로 마주보고 깔깔대며 웃었다. 따라서 장난삼아 한 수의 절구시를 지었다.

수향이 바로 취향과 이웃이라,
두 곳에서 돌아오니 다만 한 몸이네.
구십일 봄날이 모두 꿈이러니,
꿈속에서 도리어 꿈속 사람 되었네.[120]

睡鄕便與醉鄕隣,
兩地歸來只一身.
九十一春都是夢,
夢中還作夢中人.

---

[120] 이 시가 『동문선』 권20에 「춘일주면 윤학록운(春日晝眠尹學錄韻)」이라는 시제로 수록되어 있고, 『동국이상국집』 권2에는 「차운 윤학록춘효취면(次韻尹學錄春曉醉眠)」이라는 시제로 2 수가 실려 있는데 둘째 수의 시가 여기에 인용된 것임. 나머지 첫째 수를 소개하면, '杯卯飮敵千藥, 一枕春眠直萬金. 莫遣黃鸝啼傍耳, 夢魂方向玉樓尋'.

12. 余本嗜詩, 雖宿負也, 至病中, 尤酷好, 倍於平日, 亦不知所以. 每遇興觸物, 無日不吟, 欲罷不得, 因謂曰, 此亦病也. 曾著詩癖篇以見志, 盖自傷也. 又每食不過數匙, 唯飮酒而已, 常以此爲患. 及見白樂天後集之老境所著, 則多是病中所作, 飮酒亦然, 其一詩略云, 我亦定中觀宿命, 多生債負是歌詩. 不然何故狂吟詠, 病後多於未病時. 酬夢得詩云, 昏昏布衾底, 病醉睡相和. 服雲母散詩云, 藥消日晏三匙食. 其餘亦倣此. 余然後, 頗自寬之曰, 非獨余也, 古人亦爾, 此皆宿負所致, 無可奈何矣. 白公病暇滿一百日解綬, 余於某日, 將乞退, 計病暇, 一百有十日, 其不期相類如此, 但所欠者, 樊素少蠻耳. 然二妾, 亦於公年六十八, 皆見放則何與於此時哉. 噫, 才名德望, 雖不及白公遠矣. 其於老境病中之事, 往往多有類如此.

내가 본래 시를 좋아하는 것은 비록 숙명이라고 여기고 있지만 병이 들고 나서는 너무 심할 정도로 좋아하게 되어 평소에 좋아하던 것에 비하여 곱절이나 되니 그 까닭을 알 수 없다. 매일 흥이 돋고 사물에 접하여 시를 읊지 않는 날이 없다. 이 일을 그만두고자 해도 그러지 못하니 이것 또한 병이라고 하겠다. 일찍이 「시벽(詩癖)」121)이라는 시를 지어 나의 그러한 병폐를 드러낸 적

---

121) 「시벽(詩癖)」: 이 시에서는 이규보 자신이 시마(詩魔)에 유혹되어 정신적 자유를 누릴 수 없도록 시에 얽매여 헤어나지 못한다는 내용을 담고 있는데, 『동국이상국집후』 권1에 실려 있는 이 시의 전문을 소개하면, '年已涉縱心, 位亦登台司. 始可放雕篆, 胡爲不能辭. 朝吟類蜻蜻, 暮嘯如鳶鴟. 無奈有魔者, 夙夜潛相隨. 一着不暫捨, 使我至於斯. 日日剝心肝, 汁出幾篇詩. 滋膏與脂液, 不復留膚肌. 骨立苦吟哦, 此狀良可嗤. 亦無驚人語, 足爲千載貽. 撫掌自大笑, 笑罷復吟之. 生死必由是, 此病醫難醫.'

이 있었는데 그 시에서 나는 이런 나 자신에 대해서 가슴 아파했다. 또 매 끼니마다 밥을 몇 술도 뜨지 않고선 오직 술만 즐겨 마셔댔으므로 항상 이 일을 걱정했다. 그런데 백락천[122]의 『후집(後集)』[123] 가운데에 실려 있는, 그의 노년에 이르러 지은 글을 보니

---

[122] 백락천(白樂天, 772~846) : 중국 중당(中唐) 시대의 시인. 이름은 거이(居易), 낙천(樂天)은 그의 자, 호는 향산거사(香山居士) 또는 취음선생(醉吟先生). 원진(元稹, 779~831)과 더불어 원·백(元白)으로 병칭되며, 또한 한유(韓愈), 맹교(孟郊)와 더불어 중당시기를 대표하는 시인임. 그의 생애는 강주사마에 임명된 44세를 전후하여 두 시기로 구분되는데, 전기에는 관직생활을 하며 치열하고 패기 넘치는 '겸제(兼濟)' 사상을 실현하려 하였고, 그 이후에는 정치로 이상을 펴려는 뜻을 버리고 '독선(獨善)' 하였음. 시작(詩作) 또한 그의 정치적 입지와 궤를 같이 하여 생애의 전반에 악부시(新樂府)와 「진중음」 등의 날카로운 풍유시(諷諭詩)를 남긴 반면에, 후기의 작품은 한적(閑適)·감상시(感傷詩)가 두드러짐. 특히 말년에는 산수유람·음주가무·불교 등에 탐닉하여 시풍 또한 소극적이고 개인적인 감상을 읊는데 치우쳤음. 「장한가(長恨歌)」, 「비피행(琵琶行)」 등의 명작을 남겼음.

[123] 『후집(後集)』 : 흔히 백거이 문집명으로 통용되는 『백씨장경집(白氏長慶集)』은 원진(元稹)이 장경(長慶) 4년(824) 12월 백거이의 부탁으로 그의 시문 2192편을 50권으로 편찬된 것으로, 이는 『백씨문집(白氏文集)』의 『전집(前集)』에 해당됨. 전반 20권이 시, 후반 30권이 산문으로 구성되어 있는데, 특히 전집에는 백거이 젊은 시절 문학의 대표작이라고 할 수 있는 신악부(新樂府) 50수가 수록되어 있음. 그 후 백거이는 4차례의 증보를 거쳐 회창(會昌) 2년(842)에는 『후집(後集)』 20권을 완성하였는데 이로써 『장경집(長慶集)』 50권과 합하여 70권이 이루어졌으며, 다시 사망 1년 전인 845년에 『속후집(續後集)』 5권을 증보하여 『백씨문집(白氏文集)』 75권이 완성되었으나 『속후집』 가운데 네 권이 유실되어 현전하는 것은 71권임. 북송(北宋) 때에 이르러 전집·후집·속집에 실린 작품들에서 시와 문을 분리하여 재구성한 '선시후필본(先詩後筆本)'이 등장하였고, 남송 소흥(紹興) 연간(1131~1162)에 나온 판본(南宋紹興本)과 명나라 만력(萬曆) 34년(1657)에 마원조(馬元調)가 간행한 판본(馬元調刊本)이 '선시후필본(先詩後筆本)'이며 '전후속집본(前後續集本)'으로는 일본의 나파도원본(那波道圓本)이 선본으로 정평이 나 있음.

많은 작품이 병중에 지은 것이었고, 술 마시는 것 또한 그러하였다. 그 중 한 수의 시를 보니 대략 이러했다.

나도 마음 진정하여 운명을 살펴보니,
태어날 때 시를 많이 빚졌나보다.
그렇지 않으면 무슨 이유로 미친 듯 읊어대어
병든 뒤에 지은 것이 그 전보다 많단 말인가?'[124]

我亦定中觀宿命,
多生債負是歌詩.
不然何故狂吟詠,
病後多於未病時?

「수몽득(酬夢得)」이라는 시에는

어둡고 어두운 이불 속에서,
병과 취기와 졸음이 서로 어우러지네.[125]

昏昏布衾底,
病醉睡相和.

---

124) 이 시는 「자해(自解)」라는 시제의 시로 인용된 구절 앞에 '房傳往世爲禪客, 王道前生應畫師'라는 두 구가 더 있음.(『백씨장경집(白氏長慶集)』 권35)
125) 이 시의 원제는 「수 몽득견희 질추(酬夢得見喜疾瘳)」(『백씨장경집』 권35)이며, 작품 전문을 소개하면, '暖臥摩綿褥, 晨傾藥酒螺. 昏昏布裘底, 病醉睡相和. 末疾徒云爾, 餘年有幾何. 須知差與否, 相去校無多.' 여기에서 몽득은 중국 당나라 시인인 유우석(劉禹錫, 772~842)의 자(字). 고려전기의 문신으로 도가를 신봉했던 곽여(郭輿, 1058~1130)의 자도 몽득임.

라고 하였으며, 「복 운모산(服雲母散)」126)이라는 시에서는 '약기운 수그러드는 저물녘에 밥 세술 뜨고'[藥消日晏三匙食]127)라 하였고 그 나머지 시도 또한 이것과 비슷했다. 이러한 시편을 보고 난 후 나는 그래도 좀 여유로워져서 이렇게 생각했다.

나만 그런 것이 아니라 옛 사람도 마찬가지였을 것이다. 이것은 타고난 업보 때문이니 어찌할 방도가 없다. 백공은 병가를 얻어 백 일을 꽉 채운 뒤 사직128)했다. 나도 모일에 사직을 하려는데129) 병가를 받은 뒤로 쉰 날을 헤아려보니 백 일 하고도 열흘이었다. 서로 기약한 것도 아닌데도 이와 같이 비슷하였다. 다만 내게 부족한 것은 백공이 곁에 두고 지냈던 번소와 소만 같은 가기(家妓)130)가

---

126) 「복 운모산(服雲母散)」: 여기에서 '운모'는 화강함에서 추출한 광물질로서 돌비늘이라고도 함. 이것은 도가에서 양생을 위해 먹는 비방약(秘方藥)으로 가루를 내어 복용하면 모든 병이 사라져 회춘하게 되고, 계속 복용하면 귀신을 마음대로 부리게 된다고 함.
127) 이 시의 원제는 「조복 운모산(早服雲母散)」(『백씨장경집』 권31)으로 전문을 소개하면, 曉服雲英漱井華, 寥然身若在煙霞. 藥銷日晏三匙飯, 酒渴春深一碗茶. 每夜坐禪觀水月, 有時行醉翫風花. 淨名事理人難解, 身不出家心出家.
128) 사직[解綬]: 인끈[印綬]을 푼다는 뜻으로 관직을 사퇴함을 이르는 말임. 백거이가 병가를 얻은 지 백 일만에 사직했다는 것은 그의 시 「백 일가만 소부관정 자희언회(百日假滿少傅停自喜言懷)」에서 살필 수 있는데 그 시의 전문을 소개하면, 長告今朝滿十旬, 徒茲瀟灑便終身. 老嫌手中抛我笏, 病喜頭輕換角巾. 少傅不朝懸組綬, 向平無累畢婚姻. 人言世事何時了, 我是人開事了人. (『백씨장경집』 권16)
129) 나도 …… 하려는데: 이 글은 그가 퇴직할 때인 1237년(고종 24), 그의 나이 70세 즈음에 지은 작품으로 추측됨.
130) 가기(家妓): 중국 당나라 문인의 생활에는 기녀(妓女)가 긴밀히 연계되어 있었는데, 가기는 매매·증여가 가능한 일종의 사유재산으로 인식되었음. 가기들은 미모가 수려하고 춤, 노래, 악기 등에 능하여 주인의 오락물로 기능했으

없다는 것이다. 그러나 백공의 두 첩 또한 공의 나이 예순여덟에 모두 내보냈으니131) 지금의 내 나이에야 무슨 상관있겠는가? 아! 나의 재명(才名)과 덕망이 비록 백공에 훨씬 못 미치지만 노경에 병중에 겪은 일들은 이처럼 비슷한 것이 많았다.132)

因和病中十五首, 以紓其情, 其自解日, 老境忘懷履坦夷, 樂天可作我之師. 雖然未及才超世, 偶爾相侔病嗜詩. 較得當年身退日, 類余今歲乞骸時. 落句缺.

이로 인해 백공의 「병중 십오 수」에 화운하여 내 심정을 펼쳐 보인다. 그 가운데 「자해(自解)」에 다음과 같이 읊었다.

늘그막에 근심 잊고 편안히 지내노니
백락천은 내가 스승 삼을 만하네.
비록 세상에 드문 재주 따라가지 못하지만
우연히도 병중에 시 좋아하는 것 서로 닮았다네.
그가 벼슬에서 물러나던 당시와 비교해 보니
내가 금년에 사직을 청하는 때와 비슷하네.133)

며 문인들의 일상생활을 함께하는 동반자이기도 했음. 백거이에게는 번소(樊素)·소만(少蠻)·결지(結之) 등의 가기가 있었음.
131) 두 첩 또한 … 내보내졌으니 : 백거이가 68세(839년)에 지은 작품들 가운데 「불능망정음(不能忘情吟)」이라는 시에 '낙마를 팔고 양류지(楊柳枝) 잘 부르는 번소를 내 보내니[鬻駱馬兮放楊柳枝]'라는 구절과 「노병유독 우음소회(老病幽獨偶吟所懷)」라는 시에 '가기들 떠나보낸 기방 텅 비었네.[笙歌散後妓房空]'이라는 구절을 통해 알 수 있음.(『백씨장경집』 권31)
132) 이 글은 『동국이상국후집』 권2에 실려 있는 「차운 화백락천 병중 십오 수(次韻和白樂天病中十五首)」라는 제목의 연작시 서문을 전재한 것임.

老境忘懷履坦夷,

樂天可作我之師.

雖然未及才超世,

偶爾相侔病嗜詩.

較得當年身退日,

類余今歲乞骸時.

낙구는 잊어버렸다.[134]

---

133) 백거이의 「자해(自解)」와 이규보의 「자해」를 대조하면 아래의 표와 같음.

백거이	房傳往世爲禪客, 王道前生應畫師. 我亦定中觀宿命, 多生債負是歌詩. 不然何故狂吟詠, 病後多於未病時.	방전은 전생에 선객이었고 왕유는 전생에 화가였으리 나도 마음을 가다듬고 전생을 살펴보니, 태어날 때 가시를 많이 빚졌나보다. 그렇지 않으면 무슨 이유로 미친 듯 읊어대어 병나고 난 뒤에 지은 것이 병들기 전보다 많단 말인가?
이규보	老境忘懷履坦夷, 樂天可作我之師. 雖然未及才超世, 偶爾相侔病嗜詩. 較得當年身退日, 類余今歲乞骸時.	늘그막에 모든 일 잊고 편안히 지내니 백락천은 내 스승 삼을 만하다. 비록 빼어난 그의 재주 따라가지 못하지만 우연히도 병중에 시 좋아하는 것 서로 닮았다네. 그가 벼슬에서 물러나던 당시와 비교해 보니 내가 금년에 사직을 청하는 때와 비슷하네.

134) 낙구는 잊어버렸다[落句缺]: 여기에서 낙구라고 한 것은 율시의 미련(尾聯)인 7, 8구를 가리키는 것인데, 백거이의 시 「자해(自解)」가 모두 6구로 되어 있고, 그것에 화운한 이규보의 「자해」 시도 백거이의 그것을 본떠서 6구로 완성한 것이므로 '낙구는 잊어버렸다'는 것은 가당치 않은 말임. 여기에서 보더라도 이 『백운소설』을 이규보 본인이 편찬한 것이 아님을 알 수 있음. 만일 이규보가 『백운소설』을 편찬했다면 그런 실수를 하지는 않았으리라고 봄.

13. 白雲居士, 先生自號, 晦其名, 顯其號. 其所以自號之意, 具在先生白雲語錄. 家屢空, 火食不續, 先生自怡怡如也. 性放曠無檢. 六合爲隘, 天地爲窄, 嘗杯酒自昏. 人有邀之者, 欣然輒造, 徑醉而返, 豈古淵明之徒歟. 彈琴飮酒以此自遣, 此其實錄也. 居士醉而吟一詩曰, 天地爲衾枕, 江河作酒池. 願成千日飮, 醉過太平時. 又作贊曰, 志固在六合之外, 天地所不囿, 將與氣母, 遊於無何有乎.

 백운거사(白雲居士)는 선생의 자호(自號)로, 그 이름을 숨기고 호를 드러낸 것이다. 그렇게 자호한 뜻은 선생의 「백운어록(白雲語錄)」135)에 상세히 쓰여 있다. 집안이 너무 가난하여 끼니를 잇지 못할 정도였으나, 선생은 스스로 즐거워하는 얼굴이었다. 성품이 자유분방하고 말이나 행동에 거리낌이 없어 하늘과 땅, 동서남북을 좁게 여겼으며, 술을 마시며 혼미(昏迷)하게 지냈다. 부르는 사람이 있으면 흔연히 바로 가서 빨리 취해서 돌아오곤 했다. 그는 옛날 도연명(陶淵明)136)과 같은 사람으로 거문고를 타고 술을 마시며 소일하였다. 이것은 그에 대해 사실대로 기록한 것이다. 거사가 취중에 시 한 수를 읊어 이르기를,

---

135) 「백운어록(白雲語錄)」: 『동국이상국집』 권20에 「백운거사어록(白雲居士語錄)」이라는 제목으로 실려 있음.
136) 도연명(陶淵明, 365~427): 중국 동진(東晉)의 전원시인이자 노장사상가. 이름은 잠(潛). 호는 오류선생(五柳先生). 연명은 그의 자(字). 405년에 팽택현(彭澤縣)의 현령이 되었으나, 80여 일 뒤에 「귀거래사」를 남기고 관직에서 물러나 귀향하였음. 노장사상을 이념으로 삼아 자연을 노래한 시가 많으며, 육조(六朝) 최고의 시인이라 불리어졌음. 시 외의 산문 작품으로 「오류선생전(五柳先生傳)」, 「도화원기(桃花源記)」 등이 있음.

천지로 이부자리 삼고,
강물로 주지137)를 만들어
원하기는 천 일 동안 술을 마셔,
취한 채 태평세월을 보내리라.

天地爲衾枕,
江河作酒池.
願成千日飮,
醉過太平時.

라고 했다.
또 찬(贊)138)을 지어 이르기를,

뜻이 본래 우주 밖에 있어 천지에 얽매이지 않으니, 장차 원기(元氣)의 모체(母體)139)와 함께 무하유(無何有)140)에 노닐 것이니라.

---

137) 주지(酒池) : 연못에 가득 찰 정도의 많은 술을 마시며 흥청대는 것을 이름. 『사기』 은기(殷紀)에 '은나라 주왕이 술을 좋아하고 풍류에 빠져 사구(沙丘)에서 놀이를 일삼았는데, 술로써 연못을 삼고 걸어놓은 고기가 숲을 이룰 정도로 흥청거렸다. 남녀들로 하여금 벌거벗겨서 그 사이에서 장난치게 하고는 밤이 새도록 마시니 백성이 원망하였다.'(紂 好酒淫樂 戲於沙丘 以酒爲池 懸肉爲林 使男女裸 相逐其間 爲長夜之飮 百姓 怨望.)
138) 찬(贊) : 칭술(稱述)하고 논평하는 문(文)으로, 잡찬(雜贊), 애찬(哀贊), 사찬(史贊)의 세 가지가 있으며 찬(讚)으로 쓰기도 함.
139) 기모(氣母) : 원기(元氣)의 모체(母體). 『장자』 응제왕(應帝王)에, '복희씨는 도를 얻어 음양의 원기(氣母)를 섞어서 만물을 만들어 내었다.'(伏羲氏 得之 以襲氣母.)
140) 무하유(無何有) : 사람의 의지와 손길이 닿지 않은 자연 그대로의 공허한 세

고 하였다.[141]

계를 뜻하는 '무하유지향(無何有之鄕)'의 준말. 『장자』, 응제왕(應帝王)에, '무명인이 말하였다. "물렀거라. 너는 비천한 사람이로다. 어찌 그따위 유쾌하지 못한 일을 묻는가? 나는 지금 조물주와 더불어 벗하고 있지만, 싫증이 나면 저 하늘을 나는 새를 타고 천지의 밖으로 나아가 아무 것도 없는 곳[無何有之鄕]에서 노닐다가 광야에 살고자 한다. 너는 어찌 천하를 다스리는 일 따위로 내 마음을 어지럽히려 드는가?"'(無名氏曰 去 汝鄙人也 何問之不豫也 子方將與造物者爲人厭 則又乘夫莽眇之鳥 以出六極之外 而 遊無何有之鄕 以處壙垠之野 汝又何帠以治天下感予之心爲.)

141) 이 글은 「백운거사전(白雲居士傳)」(『동국이상국집』 권20)을 전재한 것이기는 하지만 「백운거사전」에는 위에서 인용된 시가 실려 있지 않음.

14.　予按西淸詩話, 載王文公詩曰, 黃昏風雨暝園林, 殘菊飄零滿地金. 歐陽脩見之曰, 凡百花皆落, 獨菊枝上黏枯耳, 何言落也. 文公大怒曰, 是不知楚辭云, 夕飡秋菊之落英, 歐陽九不學之過也. 余論之曰, 詩者興所見也, 余昔於大風疾雨中, 見黃花亦有飄零者, 文公詩旣云, 黃昏風雨暝園林, 則以興所見, 拒歐陽之言, 可也. 强引楚辭則其曰, 歐公何不見此, 亦足矣. 乃反以不學目之, 一何偏歟. 脩若未至博學洽聞者, 楚辭豈幽經僻說, 而脩不得見之耶. 余於介甫, 不可以長者, 期之也.

　내가『서청시화(西淸詩話)』[142]를 살펴보았는데 이런 얘기가 있었다.

　　왕문공(王文公)[143]의 시에,

---

142)『서청시화(西淸詩話)』: 중국 송나라의 문신인 채조(蔡絛, ?~1126)가 편찬한 것으로 모두 3권으로 되어 있음. 채조의 자는 약지(約之)이고, 별호는 무위자(無爲子)임. 증민행(曾敏行, 1118~1175)의『독성잡지(獨醒雜志)』권2에는 '채조가 휘유각(徽猷閣) 대제(待制)로 있을 때『서청시화』1편을 지어 북송 철종 치세의 원우(元祐, 1086~1094) 때 여러 관리들의 시와 사를 많이 싣고, 문채로 관리들을 일일이 논술하여 자신의 개인 저작물로 삼았다. 오로지 소식, 황정견만을 기본으로 삼아 세상의 학술을 오도했다고 하여 마침내 관직에서 파면당하였다.'(爲徽猷閣待制時, 作西淸詩話一編. 多載元祐諸公詩詞, 文采臣寮論列, 以爲絛所撰私文. 專以蘇軾黃庭堅爲本, 有誤天下學術. 遂落職勒停.)라는 말이 실려 있음.

143) 왕문공(王文公): 북송의 정치가이자 문인인 왕안석(王安石, 1021~1086)을 이름. 그의 시호가 문(文)이므로 왕문공이라고 함. 그의 자는 개보(介甫), 호는 반산(半山)이고, 지금의 강서성 무주 임천현(臨川縣) 사람임. 빈농집안 출신이었으나 어려서부터 문장에 뛰어나 친구였던 증공(曾鞏)이 그를 구양수(歐陽脩)에게 소개하여 세상에 이름이 알려 졌음. 왕안석은 신종에게 절대적인 신임을

저물녘 비바람에 동산 숲 어둑한데,
남은 국화꽃 휘날려 땅은 온통 금빛이네.[144]

黃昏風雨暝園林,
殘菊飄零滿地金.

라고 한 것을 구양수[145]가 보고는 말하기를,

모든 꽃들이 다 떨어져도 국화만은 가지 위에 말라붙어 있을 뿐인데 어찌 떨어진다고 말했소.

받아 정치와 조세법 개혁을 위해 1070년 신법(新法)을 추진하여 급진적인 변화를 추구했으나 당시 많은 지식인들의 반대로 관철되지는 못하였음. 서국공(舒國公)에 봉해졌다가 다시 형국공(荊國公)으로 봉해졌으므로 세상에서는 그를 왕형공(王荊公)이라고도 불렀음. 그는 시문에 발군의 능력을 보여 당송팔대가의 한 사람으로 불리어 졌고, 그가 남긴 저서로는 『임천집(臨川集)』 100권, 『임천집습유(臨川集拾遺)』 등이 전하고 있음.

144) 이 연구의 시제는 「잔국(殘菊)」(『임천집』 권34)으로 그 전문을 소개하면, '黃昏風雨打園林, 殘菊飄零滿地金. 折得一枝還好在, 可憐公子惜花心.'

145) 구양수(歐陽脩, 1007~1072) : 북송의 문인. 자는 영숙(永叔), 호는 취옹(醉翁) 또는 육일거사(六一居士). 1041년 범중엄(范仲淹)이 개혁에 실패하자 혁신파들에 동조했다고 하여 폄적(貶謫)되기도 했음. 『신당서(新唐書)』 편찬에 참여하기도 하였음. 그는 박람강기(博覽强記)하여 시문에 뛰어 났고, 특히 한유(韓愈)의 글을 읽은 뒤에 크게 진전하였음. 후진 양성에 힘써 소순(蘇洵), 증공(曾鞏), 왕안석(王安石) 등이 그의 문하에서 나왔으나, 만년에는 사상이 보수적으로 기울어 왕안석의 신법에 반대하기도 하였음. 그는 학문과 풍류를 즐겨 자신이 평소에 좋아 했던 집고록(集古錄) 일천 권, 서(書) 일만 권, 거문고 한 장(張), 바둑 한 국(局), 술 한 병, 학(鶴) 한 쌍을 포괄하여 육일거사라고 자호한 것으로 유명함. 그가 남긴 시화집인 『육일시화(六一詩話)』는 시화라는 새로운 형식을 개척해 후세 시화 발전의 촉진제 역할을 했음. 저서에는 『문충집(文忠集)』(154권) 등이 있음. 시호는 문충(文忠).

라고 하니, 문공이 크게 노하여 말하기를,

이는 『초사』에 '저녁에는 떨어진 가을 국화의 꽃잎을 먹는다.'[146]
는 구절이 있다는 사실을 알지 못하고 한 말이니, 구양수[歐陽九]
가 불학무식해서 저지른 잘못이다.[147]

라고 했다.
내가 이 사실을 다음과 같이 논해 본다.

시는 보는 것을 읊은 것이다. 내가 전에 바람이 거세고 불고 비
가 세차게 내리는 중에, 누런 국화가 바람에 나부껴 떨어지는 것
을 본 적이 있다. 문공이 시에서 이미 '저물녘 비바람에 동산숲
어둑하다.[黃昏風雨暝園林]'고 했으니 이는 바로 '본 그대로를 읊

---

146) 이 구절은 초(楚)나라 굴원(屈原)의 작품인 「이소(離騷)」에 나오는 한 구절
임. '朝飮木蘭之墜露兮, 夕餐秋菊之落英.'
147) 이러한 내용을 위경지(魏慶之)가 편찬한 『시인옥설(詩人玉屑)』 권17에서도
『서청시화(西淸詩話)』에 기술된 것을 인용하여 소개하고 있음. "구공이 가우
(嘉祐, 송나라 인종의 연호 1056~1063) 연간에 왕형공의 시 가운데, '저물녘
비바람에 동산 숲 어둑어둑한데, 스러져가는 국화꽃 돌풍에 떨어져 땅이 금빛
으로 물들었네.'라는 구절을 보고 비웃으면서 말하기를, '모든 꽃들이 다 떨어
져도 오로지 국화만은 말라서 가지에 있을 뿐이다.'라고 하고는 희작(戱作)하
기를, '가을의 꽃봉오리는 봄꽃이 떨어지는 것에 비할 수 없노니, 시인에게 알
려 자세히 보았으면 하네.'라고 하였다. 형공이 그 얘기를 듣고 말하기를, '어
찌 초사에 저녁에 가을국화의 떨어진 꽃잎을 먹는다는 말을 알지 못하는고,
이는 구양수가 불학무식하기 때문이다.' (歐公嘉祐中, 見王荊公詩, 黃昏風雨
暝園林, 殘菊飄零滿地金. 笑曰, 百花盡落, 獨菊枝上枯耳. 因戲曰, 秋英不比
春花落, 爲報詩人仔細看. 荊公聞之日, 是豈不知楚詞, 夕餐秋菊之落英, 歐陽
九不學之故也.)라고 했음.

었다.'는 것으로 구양수의 말에 반박했으면 좋았을 것이다. 굳이 초사에 실린 말을 인용하려면, '구공은 어찌하여 이 구절을 보지 못했단 말인가?'라는 정도로 말했어도 충분했을 것인데, 도리어 무식하다는 말로 잘못을 지적하였으니 어찌 그리도 편협하단 말인가? 구양수가 설령 박학다식한 사람이 아닐지라도 『초사』가 무슨 유경벽전(幽經僻典)이라고 그 구절을 보지 못했겠는가? 나는 개보(介甫)[148]를 점잖은 어른이라고는 생각하지 않는다.[149]

---

148) 개보(介甫) : 중국 송나라 문인인 정치가이자 왕안석(王安石, 1021~1068)의 자(字). 그의 호는 반산(半山).
149) 이 부분은 『동국이상국후집』 권11에 실려 있는 「왕문공 국시 의(王文公菊詩議)」에서 인용한 것이나 상호간에 글자의 출입이 많음.

15. 余昔讀梅聖兪詩, 私心竊薄之, 未識古人所以號詩翁者. 及今閱之, 外若羸弱, 中含骨鯁, 眞詩中之精雋也, 知梅詩然後, 可謂知詩者也. 但古人以謝靈運詩, 池塘生春草爲警策, 余未識佳處. 徐凝瀑布詩, 一條界破靑山色, 則余擬其佳句, 然東坡以爲惡詩, 由此觀之, 余輩之知詩, 其不及古人遠矣. 又陶潛詩, 恬然和靜, 如淸廟之瑟, 朱絃疏越, 一唱三歎. 余欲效其體, 終不得其髣髴, 尤可笑也.

내가 예전에 매성유[150]의 시를 읽은 적이 있었는데, 그때 마음속으로 그의 시를 하찮게 보고는 옛 사람들이 그를 시옹이라고 부른 이유를 알지 못하였다. 지금 그의 시를 살펴보니 겉으로는 파리하고 약한 듯 보여도 안으로는 날카롭고 강인한 힘[151]을 품고 있으니 참으로 세상의 많은 시 가운데서도 빼어난 것이었다. 그러니 매성유의 시를 알게 된 뒤에야 진정으로 시를 아는 사람이라고 할 수 있다. 다만 옛 사람들이 사령운[152]의 시 중에서

---

150) 매성유(梅聖兪) : 북송의 시인인 매요신(梅堯臣, 1002~1060)으로 성유는 그의 자(字). 지금의 안휘성 선성(宣城) 사람. 선성의 옛 이름이 완릉(宛陵)이어서 매완릉 혹은 완릉선생으로 불렸음. 소순흠(蘇舜欽)·구양수 등과 같이 성당(盛唐)의 시를 본으로 하여 당시 유행하던 서곤체(西崑體)의 섬교(纖巧)한 폐풍을 일소하고, 새로운 송시(宋詩)의 개조(開祖)가 되었음. 그의 시는 세련되고 정밀한 구법(句法)이 특징이며, 두보(杜甫) 이후 최대의 시인이라는 칭찬을 받기도 했음. 소순흠(蘇舜欽)과 함께 명성을 떨쳐, 당대에 소·매(蘇梅)로 병칭되기도 하였는데, 그의 저서로는 『원릉집(宛陵集)』60권, 『손자(孫子)』13편의 주(註)와 『당재기(唐載記)』26권 등이 있음.
151) 날카롭고 강인한 힘[骨鯁]: 골경은 생선의 뼈나 가시를 이르는 말로 시문(詩文)의 강하고 굳센 풍격을 뜻하는 말로 쓰이기도 함. '觀其骨鯁所樹, 肌膚所附, 雖取鎔經旨, 亦自鑄偉辭.'(『문심조룡(文心彫龍)』변소辨騷)
152) 사령운(謝靈運, 385~433) : 중국 남조(南朝) 송(宋)나라의 산수시인으로 동

'지당153)에 봄풀 돋아나네.[池塘生春草]154)

진(晉)의 거기장군(車騎將軍)으로 강락공(康樂公)에 책봉되었던 사현(謝玄) 의 손자. 지금의 강남 태강현(太康縣)에서 살다가 회계(會稽, 지금의 절강성 소흥紹興)로 이주하여 살았으므로 중국의 강남 지역에서 성장하였음. 강락공 (康樂公)이라는 봉작(封爵)을 계승하여 사강락(謝康樂)이라고도 불렸음. 관직 은 시중에 올랐음. 남조의 송에서 중용되지 못함에 따라 마음속에 늘 분노와 원망을 품고 있었고 비록 몸은 관직에 있었지만 정무를 돌보지 않고 마음대로 산수를 유람하며 시주(詩酒)로 일삼았음. 후에 결국 사직하고 기묘한 경치를 찾아다니는 것으로 정치적인 불만을 스스로 해소했으나 만년에는 반란죄로 광주(廣州)에 추방되었다가 피살되었음. 그의 시에는 사실적 시풍이 드러나지 않고, 현언(玄言)과 불교의 교리를 온축한 것이 많은 편이라 정조가 비관적이 고 퇴폐적이라고 할 수 있음. 또한 자구(字句)를 지나치게 조탁하여 '구절은 있으나 편장은 없다'고 할 정도서 그의 시에는 결점이 있지만 많은 작품들 이 자연의 아름다운 경치를 그려내어 당시 제대로 문학적 표현의 대상이 되지 못했던 산수자연의 아름다움을 시의 주제로 채택했다는 점에서 그의 문학은 문학사적 의의를 갖는다고 하겠음. 저서로는 명나라 사람이 편찬한 『사강락집 (謝康樂集)』이 있음.

153) 지당(池塘) : 물이 모여 있는 작은 연못으로 그렇게 크지도 깊지도 않음.
154) 이 구절은 사영운의 「등지상루(登池上樓)」라는 시에 나오는 한 행임. 그 전 문을 소개하면, '潛虯媚幽姿. 飛鴻響遠音. 薄霄愧雲浮. 棲川怍淵沈. 進德智 所拙, 退耕力不任. 徇祿反窮海, 臥痾對空林. 衾枕昧節候, 褰開暫窺臨. 傾耳 聆波瀾, 擧目眺嶇嶔. 初景革緒風, 新陽改故陰. 池塘生春草, 園柳變鳴禽. 祁 祁傷豳歌, 萋萋感楚吟. 索居易永久, 離群難處心. 持操豈獨古, 無悶征在今.'
※ 이 구절에 대해 『남사(南史)』 권19, 「사혜련전(謝惠連傳)」에 다음과 같은 내용이 실려 있음. "혜연은 열 살의 나이에 능히 글을 지을 수 있었다. 족형인 영운이 칭찬하기를, '매번 혜연의 문장을 대하게 되면, 문득 좋은 말을 얻는 다.'고 하였다. 일찍이 영가의 서당(곧 지상루池上樓를 가리킴. 지상루는 영가 군永嘉郡, 지금의 절강성 온주溫州市 녹성구鹿城區에 위치했음)에서 시를 생 각하였으나 종일토록 시를 짓지 못하다가 홀연 꿈속에서 혜련을 보고서는 바 로 '池塘生春草'라는 시구를 얻었는데 크게 공교롭다고 여겼다. 항상 사령운 은, '이 말은 신령의 공덕으로 얻은 것이지, 내가 지은 말이 아니다.'고 하였 다.(子惠連, 年十歲能屬文, 族兄靈運加賞之, 云, 每有篇章對惠連, 輒得佳語 嘗於永嘉西堂思詩, 竟日不就, 忽夢見惠連, 卽得 池塘生春草, 大以爲工. 嘗

라고 한 것을 좋은 시구라고 하지만 나는 왜 그것을 경책(警策)155)
으로 삼았는지 모르겠다. 나는 서응156)의 「폭포(瀑布)」라는 시에서

한 줄기가 푸른 산 빛을 갈라놓았네.[一條界破靑山色]157)

라고 한 것을 좋은 시구라고 생각하지만 소동파158)는 악시(惡詩)
라고 여겼다.159) 이로써 보건대, 나 같은 사람이 시를 안다는 것

云, 此語有神功, 非吾語也.)
155) 경책(警策) : 달리는 말에 채찍질하여 빨리 달리게 함. 이 뜻이 전이되어 세련되고 함축한 뜻이 깊어 사람을 감동시킬 만한 글귀를 뜻함. 경절(警切)이라고도 함. 『문선』 육기(陸機)의 문부(文賦)의 '文片言而居要, 乃一篇之警策.'라는 글귀에 대한 이선(李善)의 주(注)에, '以文喻馬, 言馬因警策而彌駿, 以喻文資片言而益明也. 駕之法, 以策駕乘, 今以一言之好, 最語衆辭, 若驅馳, 故云警策.'라고 하여 경책이란 말이 쓰였음.
156) 서응(徐凝) : 중국 당나라 시인. 젊었을 때 시견오(施肩吾)와 함께 항주(杭州) 개운사에서 지은 모란시가 백거이의 칭찬을 받고 원진(元稹)에게서 인정을 받게 됨으로써 시명을 크게 떨쳤으나 사람들과 어울리는데 익숙하지 못하여 한유의 문하에서 머물다가 고향인 목주(睦州)로 돌아와 시주(詩酒)로 소일했음. 그가 지은 시는 『전당시(全唐詩)』에 한 권으로 전해지고 있음.
157) 이 시구는 서응의 「여산폭포(廬山瀑布)」라는 시의 한 행으로 그 전문을 소개하면, '虛空落泉千仞直, 雷奔入江不暫息.' 千古長如白練飛, 一條界破靑山色.'
158) 소동파(蘇東坡, 1036~1101) : 중국 북송 시대의 문인, 정치가로 이름은 식(軾), 자는 자첨(子瞻), 동파(東坡)는 그의 호, 사천성 미산(眉山) 출신. 아버지 소순(蘇洵), 동생 소철(蘇轍)과 함께 3소(三蘇)라 불리며, 당·송 8대가의 한 사람으로 문명을 크게 떨쳤음. 철종에게 중용되어 왕안석의 신법에 반대하는 구법파(舊法派)의 중심적 인물로 활약하였음. 특히 구양수(歐陽修)와 비교되는 대문호로서 유명한 「적벽부(赤壁賦)」를 지어 웅건호방한 문풍을 드러냈고, 시·사(詞)·고문(古文)은 물론 서화(書畵)에도 일가(一家)를 이루었음. 저서에는 『동파전집』(115권)이 전함. 시호는 문충(文忠).
159) 소동파(蘇東坡)는 악시(惡詩)라고 여겼다. : 이러한 소동파의 생각은 『동파

은 옛 사람들의 시를 보는 안목에는 훨씬 미치지 못한다. 또한 도잠(陶潛)[160]의 시는 염연(恬然)[161]하고 화쟁(和靜)[162]하여 청묘(淸廟)[163]에 쓰이는 거문고에는 붉은 명주실로 현을 메고 밑의 구멍이 크게 뚫려서 한 사람이 노래하면 세 사람이 화답하는 것과 같다. 나는 그 원리를 본받으려 하였으나 끝내는 그 흉내조차도 낼 수 없었으니 더욱 가소롭다.[164]

전집』권13에서 살필 수 있는데, 그 내용을 소개하면, "世傳徐凝瀑布詩云, 一條界破靑山, 至爲塵陋. 又僞作樂天詩, 稱美此句, 有賽不得之語. 樂天雖涉淺易, 然豈至是哉. 乃戲作一絶, '帝遣銀河一派垂, 古來惟有謫仙詞. 飛流濺沫知多少, 不與徐凝洗惡詩.'"
* 李白,〈望廬山瀑布〉: '日照香爐生紫煙, 遙看瀑布挂前川. 飛流直下三千尺, 疑是銀河落九天.'
160) 도잠(陶潛, 365~427) : 중국 동진(東晉)의 전원시인. 자는 연명(淵明).
161) 염연(恬然) : 태연한 모습. 뜻이 없는 모양.
162) 화정(和靜) : 평화롭고 안정된 것을 말함.
163) 청묘(淸廟) :『시경』주송(周頌)의 한 편명. 종묘(宗廟)의 제사에 쓰이는 악가(樂歌)로 문왕의 덕을 노래한 것임.『예기』악기(樂記)에, '청묘를 연주하는 거문고에는 삶아 익힌 붉은 명주실을 현에 매기고 밑에 구멍을 뚫어 소리가 퍼지게 하며, 한 번 타면 세 사람이 화답하는데 유음이 있다.'(淸廟之瑟, 朱弦而疏越, 壹倡而三歎, 有遺音者矣.)라고 하였음.
164) 이 부분은『동국이상국집』권21에 실려 있는「논시설(論詩說)」을 전재한 것이나 상호간에 글자의 출입이 있음.

16. 宋朝禪子祖播, 因歐陽伯虎東來, 以詩一首, 寄我國空空上人, 兼貽漆鉢五器斑竹杖一事. 又名庵曰, 兎角, 手書其額以寄之. 余嘉兩師千里相契之意, 又聞因歐陽君詩名, 亦復渴仰, 因和二首詩曰, 此去中華隔大瀛, 兩公相照鏡心淸. 空師方結蜂窠室, 播老遙傳兎角名. 杖古尙餘斑竹暈, 鉢靈應秀碧蓮莖. 誰敎一日親交錫, 共作金毛震地聲. 邈從千里渡滄瀛, 詩韻猶含山水淸. 可喜醉翁流遠派, 自言永叔十一世孫 尙敎吾輩飽香名. 凌霄玉樹高千丈, 端世金芝擢九莖. 早挹英風難覿面, 何時親聽咳餘聲.

송나라 스님 조파(祖播)가 우리나라에 오는 구양백호 편에 우리나라 공공(空空) 스님[165]에게 시 한 수와 옻칠을 먹인 바리때 다섯 벌, 반죽(斑竹)으로 만든 지팡이 한 개를 보냈다. 또한 공공스님이 거처하는 암자의 이름을 토각(兎角)[166]이라 짓고 그것을 직접 액자에 써서 보내기도 했다. 나는 두 스님이 천리나 멀리 떨어져 있으면서도 서로 깊이 교분을 나누는 뜻을 가상히 여기고, 또 구양

---

165) 공공(空空) 스님 : 공공은 고려시대 불교의 유식학파(唯識學派)의 승려인 경조(景照)의 자(字). 시를 잘 지어 시승(詩僧)이라 불렸으며, 당시 문인들과 교류하였고, 특히 이규보는 그와 친밀하여 「공공상인토각암기(空空上人兎角庵記)」(『동국이상국집』권11)라는 글을 지어 그의 독특한 삶에 대해서 말하고 있음.
166) 토각(兎角) : 어리석은 사람은 토끼의 귀를 잘못 알아서 뿔이라 하나 실은 뿔 있는 토끼는 없으므로 존재하지 않는 사물을 비유하는 말로 쓰임. 『능엄경(楞嚴經)』에, "없는 것은 거북의 털[龜毛]과 토끼의 뿔[兎角]은 같은 것이다."고 하였는데 이는 곧 유명무실한 것을 비유하는 말임. 자신 속에 자아가 상주한다고 생각하며 존재자 중에 실체가 있다고 보는 것은 본래 없는 것을 있다고 하는 것으로, 이는 번뇌의 원인이 되므로 이를 경계하는 비유적인 표현. 『육조단경(六祖壇經)』에도 '세상을 떠나서 깨달음을 찾는 것은 토끼의 뿔을 구하는 것과 같다.'(離世覓菩提, 恰如求兎角.)고 하였음.

군의 시명(詩名)을 듣고 더욱 사모하는 마음이 간절하였으므로 두 수의 시에 화운하였다.167) 그 시는 이러하다.

고려와 중국은 큰 바다를 사이하였는데,
두 스님은 맑은 거울같이 서로를 비추듯 가깝네.
공공 스님 때마침 작은 암자 지었더니,
조파 스님 멀리서 토각이라는 이름 전했네.
지팡이 예스러워 반죽의 빛살 그대로 남아 있고,
바리때 신령스러워 벽련168)의 줄기 빼어나네.169)
누가 하루아침에 이리도 친하게 사귀어서,
금모170)가 땅을 진동시키는 소리171) 함께 짓게 했는가.

---

167) 이 두 수의 시는 『동국이상국후집』 권3에 「차운 송조 파선로 기 공공상인 병서(次韻宋朝播禪老寄空空上人幷序)」라는 시제 하에 실려 있음. 시 앞에 실려 있는 병서의 전문을 소개하면, '宋朝禪子祖播, 因歐陽伯虎東來, 以詩一首, 寄我國空空上人, 兼脫漆鉢五器斑竹杖一事. 又名庵曰兎角, 手書其額以寄之. 予嘉兩師千里相契之意. 又聞歐陽君詩名, 亦復渴仰, 因和二首, 一以寄播禪老, 兼簡空空上人. 一以寄歐陽二十九'

168) 벽련(碧蓮) : 서역의 구자국 사람인 불도징(佛圖澄, 232~348)이 310년 중국 낙양으로 와서 신이(神異)한 기적을 많이 나타내 보였음. 후조왕(後趙王) 석륵(石勒)이 불러서 불도징의 술법을 시험하였는데, 그가 바리때에 물을 채우고 향을 피운 다음 잠시 주문을 외니 바리때 안에서 푸른 연꽃이 피어나자 석륵이 비로서 불도징을 신뢰하여 불제자가 되었다는 고사가 있음.

169) 이 시에 「파 선로께 드리고, 겸하여 공 스님께 드리다[증파선로 겸간공사(贈播禪老兼簡空空師)]」라는 작은 제목을 달아 놓았음.

170) 금모(金毛) : 문수보살이 타고 다니던 금모사자(金毛獅子)를 가리키는 말로, 선지식을 지닌 선승(禪僧)을 비유하는 말로도 쓰임. 송나라 소식(蘇軾)의 「중청계장로주석탑소(重請戒長老住石塔疏)」라는 글에 '大士未曾說法, 誰作金毛之聲, 衆生各自開堂, 何關石塔之事.'

此去中華隔大瀛,
兩公相照鏡心清.
空師方結蜂窠室,
播老遙傳兎角名.
杖古尙餘斑竹暈,
鉢靈應秀碧蓮莖.
誰敎一日親交錫,
共作金毛震地聲.

천 리나 먼 곳에서 넓은 바다 건너오니,
시 운에도 산수의 맑은 정기 머금었네.
취옹172)의 아득한 유풍이었다니 기쁘기만 한데,
스스로 영숙173)의 11세손이라 하였다.
우리들에게 높으신 이름 싫도록 듣게 하다니.
하늘로 뻗은 옥수174) 천 길이나 높이 솟고,

---

171) 금모가 땅을 진동시키는 소리[獅子遊戱三昧] : '여덟 종의 삼매(三昧 : 한 가지에만 마음을 집중시키는 일심불란의 경지) 중의 하나. 비유하자면, 사자가 사슴을 포획하여 절로 기뻐하고 즐거워하듯이 부처님도 또한 이 삼매에 들어가게 되면 땅이 회전하여 큰 땅에 여섯 종류의 진동이 일어나게 한다. 그러므로 이를 일컬어 사자유희삼매(師子遊戱三昧)라고 한다. 이 삼매력(三昧力)에 의해서 악도의 중생과 지옥의 중생을 모두 해탈시켜서 천상에서 생을 얻게 한다.'(八種三昧之一. 譬如獅子之搏鹿, 自在戱樂, 佛亦入此三昧, 迴轉此地, 使大地六種震動, 故稱師子遊戱三昧. …(中略)… 依此三昧力, 使一切惡道地獄之衆生, 皆蒙解脫, 得生於天上)(『대품반야경(大品般若經)』 권1).
172) 취옹(醉翁) : 송(宋) 나라 문장가인 구양수(歐陽脩, 1007~1072)의 호(號). 별호는 육일거사(六一居士).
173) 영숙(永叔) : 중국 송나라의 문신인 구양수(歐陽脩, 1007~1072)의 자(字).

세상에 이로운 금지175) 줄줄이 뻗어났네.
일찍 뛰어난 풍모 보려 해도 어려웠는데,
언제 가까이 뵙고 말씀 들을 수 있을지.176)

邈從千里渡滄瀛,
詩韻猶含山水淸.
可喜醉翁流遠派,
<small>自言永叔十一世孫</small>
尙敎吾輩飽香名.
凌霄玉樹高千丈,
瑞世金芝擢九莖.
早挹英風難覿面,
何時親聽咳餘聲.

---

174) 옥수(玉樹) : 아름다운 나무를 일컫는 말로, 여기서는 타인의 훌륭한 자제를 뜻함. 이 말은 중국 진(晉)나라 태부(太傅)였던 상안(謝安) 집안의 자제를 옥수라고 일컬었던 고사에서 나온 것임. '謝太傅問諸子姪, 子弟亦何預人事, 而正欲使其佳, 諸人莫有言者, 車騎答曰, 譬如芝蘭玉樹, 欲使其牲於階庭耳.' (유의경劉義慶의 『세설신어(世說新語)』 언어言語)

175) 금지(金芝) : 금빛의 지초로, 일종의 선약(仙藥)이라고 할 수 있는 영지(靈芝)를 가리킴. '金芝九莖, 産於函德殿銅池中.'(『한서(漢書)』 선제기宣帝紀)

176) 이 시에도 앞의 시와 마찬가지로 「구양 이십구에게 드리다[贈歐陽二十九]」라는 작은 제목을 달아 놓았음. 여기에서 구양은 구양백호(歐陽伯虎)를 가리키는 것이고, 이십구(二十九)는 중국에서 전통적으로 같은 성씨의 집안 여러 종형제(從兄弟)를 통틀어서 차례대로 번호를 매긴 호칭임.

17. 禪師惠文, 固城郡人也. 年三十餘, 始中空門選, 累緇秩, 至大禪. 嘗住雲門寺, 爲人抗直, 一時名士大夫, 多從之遊. 喜作詩, 得山人體. 嘗題普賢寺云, 爐火煙中演梵音, 寂寥生白室沈沈. 路長門外人南北, 松老巖邊月古今. 空院曉風饒鐸舌, 小庭秋露敗蕉心. 我來寄傲高僧榻, 一夜淸談直萬金. 幽致自在, 頷聯爲人傳誦, 因號月松和尙.

선사[177] 혜문[178]은 고성군(固城郡)[179] 사람이다. 나이 30여 세에 비로소 승과(僧科)[180]에 합격한 뒤 여러 법계(法階)를 거쳐 대선사

---

[177] 선사(禪師): 불가에서 법력이 높은 승려를 지칭하는데, 승려의 존칭으로도 쓰임. 선사는 선종선의 법계(法階) 중에서 최고 직급인 대선사(大禪師)보다 한 단계 낮은 직급이기도 함.

[178] 혜문(惠文, ?~1234): 고려 중기의 스님. 자는 빈빈(彬彬), 호는 월송화상(月松和尙). 경남 고성 출신으로 선종인 가지산문(迦智山門)에 출가하여, 30세가 넘어 승과에 급제하였고, 몇 단계의 법계(法階)를 거쳐 대선사에 이르렀음. 몽고의 침략으로 강화도로 천도한 1232년에 운문사(雲門寺)로 옮겨 3년 동안 머무르다가 열반했음. 성품이 강직하고 문재(文才)가 있어 당대의 사대부들이 그를 좋아하였는데, 이인로·이규보·유충기 등과 교유하였고, 시 짓기를 즐겨 스님들의 시체(詩體)인 산인체(山人體)를 체득하였다고 함.

[179] 고성군(固城郡): 경상남도 중남부지역에 속하며, 삼한시대에는 변진12국(弁辰十二國) 중의 고자미동국(古資彌凍國)이었으나 신라 경덕왕 16년(757)에 고성이라는 이름으로 개칭됐음.

[180] 승과(僧科): 고려시대에 승려에게 실시한 과거(科擧). 958년(광종 9)에 처음으로 과거제도를 실시하면서 이와 병행하여 승과를 설치, 승려에게도 시험에 의한 출세의 길을 열어주었음. 선종선(禪宗選)과 교종선(敎宗選)으로 나누어 선종선은 선종의 승려를 뽑고, 교종선은 교종의 승려를 뽑았는데, 선종선은 선종의 도회소(都會所)인 광명사(廣明寺: 開京)에서, 교종선은 교종의 도회소인 삼륜사(三輪寺: 開京)에서 시행하였음. 시험과목으로는 선종은 『전등록(傳燈錄)』, 『염송(拈頌)』이고, 교종은 『화엄경(華嚴經)』, 『십지론(十地論)』을 두었음. 교종선에 합격한 자에게는 대선(大選)이란 초급 법계를 주어서 대덕(大德), 대사(大

(大禪師)에 이르렀다. 스님이 일찍이 운문사[181]에 주석하였는데, 성품이 강직하여 당대의 많은 명사들이 그를 따랐다.[182] 시 짓기를 즐겨 하여 산인체(山人體)[183]를 터득하였다. 그가 일찍이 보현사(普賢寺)[184]를 두고 지은 시에 이르기를,

향로의 연기 맞으며 염불 익히는데,

師), 중대사(重大師), 삼중대사(三重大師), 수좌(首座), 승통(僧統)의 순서로 승진하도록 했고, 선종선에 합격한 자에게는 역시 대선이란 초급 법계를 주어서 대덕, 대사, 중대사, 삼중대사, 선사(禪師), 대선사(大禪師)의 순서로 승진하도록 했음.
181) 운문사(雲門寺) : 현재 경북 청도군 운문면의 호거산(虎踞山) 아래에 위치한 절로 560년에 창건되었음.
182) 성품이 강직하여 당대의 많은 명사들이 그를 따랐다. : 이규보는 『동국이상국집』 권18에 실려 있는 「차운 강선배 곡 장대선사(次韻康先輩哭丈大禪師)」라는 제목의 시에서, '인생을 살아감에 유달리 담박하여, 맑은 가을 하늘에 떠 있는 밝은 달과 같았지. 멀리 호조에게 사사하여 부처 마음 전했고, 때로는 우리들을 따라 주선도 되었지'(閱過人生獨湛然, 一輪明月朗秋天. 遠師胡祖傳心佛, 時逐吾儕作酒仙)라고 하였는데, 제목에서의 장대선사(丈大禪師)는 곧 대선사 혜문(惠文)을 가리킴. 이 시를 통해 혜문의 성품이 강직하면서도 담백하며, 사대부들과 함께 노니는 술자리에서 주선(酒仙)이라 일컬어 질 만큼 호탕하였음을 알 수 있음.
183) 산인체(山人體) : 속세를 벗어나 산중에 은거하는 스님이나 도사의 시문체(詩文體)를 이름. 최자(崔滋, 1188~1260)는 그의 『보한집(補閑集)』에서 스님의 시격(詩格)을 분류하여, '승려들의 시격에는 세 가지가 있다. 시어가 경론을 섭렵한 게송체를 팥죽의 자취라고 하고, 빈한한 말을 즐겨 사용하는 것을 버리는 물의 물방울이라고 하고, 말을 구성한 것이 냉랭하고 메마른 것을 일러 나물과 죽순의 기운이라고 한다.'(僧家詩格有三. 語涉經論偈頌體, 謂之豆湯痕, 好作生酸語, 謂之捨水滴, 立語寒枯, 謂之蔬笋氣)라고 했음.
184) 보현사(普賢寺) : 고려시대 경기도 장단군(長湍郡)에 있었던 절이지만 지금은 남아있지 않음.

고요함 속에 햇살 퍼지고 방은 그윽하네.
문 밖의 길에는 사람들 남북으로 오가고,
바위 가 늙은 소나무에 걸린 달은 그대로네.[185]
빈 절간에는 새벽바람에 목탁소리 시끄럽고,
작은 뜰에 내린 가을 이슬에 파초잎 시드네.
내가 와서 고승의 안석에 기대앉으니,
하룻밤의 청담은 그 값어치 만큼이라네.[186]

爐火煙中演梵音,
寂寥生白室沈沈.
路長門外人南北,
松老巖邊月古今.
空院曉風饒鐸舌,

---

[185] 바위 가 늙은 소나무에 걸린 달은 그대로네[松老巖邊月古今]: 이 시구에서 혜문선사가 월송화상(月松和尙)이라 호를 가지게 되었다고 함. 이규보의『동국이상국집』권11에 실려 있는「문장로견화 다지구수 매편개경책지둔 면강비수봉갱이(文長老見和多至九首每篇皆警策遲鈍勉强備數奉賡耳)」라는 시제 하의 9수의 시 가운데 세 번째 시 제5행인 '月松句好人脣膾'에 주를 달기를 '선사가 일찍이 보현사를 두고 시를 지었는데 그 시 안에서 '路長門外人南北, 松老巖邊月古今.'라는 연구가 경책이라서 이로부터 세상 사람들이 선사를 월송화상이라고 불렀다.'(師嘗題普賢寺云, 路長門外人南北, 松老巖邊月古今. 最警策, 自是人號, 月松和尙.)라고 하여 혜문이 월송화상이라는 별호를 가지게 된 유래를 설명하고 있음.
[186] 이 시는 『동문선』권13에「보현원(普賢院)」이라는 제목으로 수록되어 있음. 이 시외에도 혜문 선사가 남긴 시가 많으리라고 추측되지만 지금 남아 전하는 시는 없고, 이규보에 의하면 왕명을 받아 혜문 선사가 지은「우죽시(雨竹詩)」가 유명하다고 함.(앞의 각주에 인용한 松老巖邊月古今의 다음 시구인 '雨竹篇淸御眼氷'에 이규보가 주를 달아 '上召師赴內, 使賦雨竹詩, 嗟賞不已.'라고 하여 그의 우죽시가 왕의 칭찬을 받았다는 사실을 알 수 있음.)

小庭秋露敗蕉心.
我來寄傲高僧榻,
一夜淸談直萬金.

그윽한 정취가 절로 느껴지는데, 그 중에 두 번째 연구를 사람들이 전하여 외웠으므로 사람들이 그를 송월화상(松月和尙)이라고 불렀다.[187]

---

187) 이 조목은 아마도 이규보가 67세 때 쓴 「문선사 애사(文禪師哀詞)」(『동국이상국집』 권37)의 내용을 첨삭한 것으로 추측됨. 그 전문을 소개하면,
'吾道友大禪師惠文, 字彬彬, 俗姓南氏, 固城郡人也. 某年至京師, 落髮禪宗迦智山門, 爲名長老. 年餘三十, 始中空門選, 累緇秩至大禪師. 越壬辰歲, 遙住華岳寺. 甞寄居京師普濟寺傳法. 是年, 國朝因避虜遷都, 師以本寺亦在冠兵屯會之藪, 遑遑無所歸, 遂至門弟禪師某所住雲門寺. 居三年, 至開逢敦牂之歲, 感疾而化. 師爲人資抗直, 一時名士大夫, 多從之遊. 喜作詩, 得山人體. 甞題普賢寺, 其略云. 路長門外人南北, 松老巖頭月古今. 人多詠之, 因號月松和尙, 由是著名. 予自弱冠忝交分, 聞訃悽悵, 爲詞以哀之. 有覔其首, 而僧其衣, 服則是矣, 心或有非. 惟我禪師, 是眞大士, 旣僧其服, 又僧其志. 戒行無虧, 淸淨心地. 餘事爲詩, 下筆不怠. 至其得意, 淸警可愛. 門徒索寞, 數三沙彌. 孰表其隧, 孰編其詩? 嗟哉我公, 已而已而.'

18. 余夢遊深山迷路至一洞, 樓臺明麗頗異. 問傍人是何處也, 曰 仙女臺也. 俄有美人六七人, 開戶出迎, 入座苦請詩, 余卽唱云, 路入玉臺呀碧戶, 翠蛾仙女出相迎. 諸女頗不肯之. 余雖不知其故, 遽改曰, 明眸皓齒笑相迎, 始識仙娥亦世情. 諸女請續下句, 予讓於諸女. 有一女續之云, 不是世情能到我, 爲憐才子異於常. 余曰, 神仙亦誤押韻耶. 遂拍手大笑, 因破夢. 余追續之曰, 一句才成驚破夢, 故留餘債擬[188]尋盟.

내가 꿈에 깊은 산에서 노닐다가 길을 잃어서 한 골짜기에 이르렀는데, 그곳에 있는 누대가 너무 화려하여 이상할 정도였다. 옆 사람에게 여기가 어디냐고 물으니, '선녀대'라고 하였다. 조금 뒤에 미인 예닐곱 명이 문을 열고 나와 맞이하기에 들어가 앉았다. 선녀들이 시를 청하기에 내가 곧바로 시를 지어,

길을 따라 옥대에 드니 푸른 문 열리고,
아름다운[189] 선녀들 나와 서로 맞이하네.

路入玉臺呀碧戶,
翠蛾仙女出相迎.

---

188) 擬 : 『동국이상국후집』 권1의 「속 몽중작(續夢中作)」에는 '擬'가 '約'으로 되어있음.
189) 아름다운[翠蛾] : '취아(翠蛾)'는 눈썹먹으로 그린 여인의 검푸른 눈썹으로, 뜻이 파생되어 미인을 뜻함. 당나라 시인인 설봉(薛逢)의 「야연 관기시(夜宴觀妓詩)」에 '愁傍翠蛾深八字, 笑回丹臉利雙刀'

라고 읊었더니, 여러 선녀들이 기뻐하는 기색이 아니었다. 나는 그 이유를 몰랐지만 바로 그 시구를 고쳐 지어 이르기를,

　　맑은 눈동자 흰 치아로[190] 웃으며 서로 맞이하니,
　　비로소 선녀들도 속세의 정이 있음을 알겠네.

　　明眸皓齒笑相迎,
　　始識仙娥亦世情.

라고 하였다. 여러 선녀들이 다음 구를 이어서 지으라고 청하였으나 여러 선녀들에게 지어보라고 양보하니, 한 선녀가 이어서 짓기를,

　　속세의 정이 나에게 이른 것이 아니라,
　　그대가 범상한 사람 아님을 어여삐 여겨서라네.

　　不是世情能到我,
　　爲憐才子異於常.

라고 하였다. 나는 "신녀(神女)도 운자를 잘못 놓네.[191]"라고 말하

---

190) 맑은 눈동자와 흰 치아[明眸皓齒]: 해맑은 눈동자와 하얀 치아를 가진 미인을 뜻함. 당나라 시인 두보(杜甫)는 자신의 시 「애강두(哀江頭)」에서 양귀비를 가리키면서 "밝은 눈동자 흰 이는 지금 어디 있는가? 피로 더럽혀진 떠도는 혼백은 돌아가질 못하네(明眸皓齒今何在? 血汚遊魂歸不得)."라고 하여 양귀비의 미모를 '明眸皓齒'로 묘사했음.
191) 신녀(神女)도 운자를 잘못 놓네.: '迎'과 '情'은 庚韻에 속하고, '常'은 陽韻에

면서 박장대소를 하다가 그만 꿈에서 깨어났다. 나는 그 시를 이어서 이렇게 지었다.

한 연구 겨우 완성하고서 놀라 꿈에서 깨어났으니,
짐짓 빚을 남겨서 다시 만날 기회 삼으리라.[192]

一句纔成驚破夢,
故留餘債擬尋盟.

속하므로 운자가 같은 운목(韻目)이 아닌 글자를 썼다는 것임.
[192] 이 조목은 『동국이상국후집』 권1의 「속 몽중작(續夢中作)」의 병서(幷序) 전문을 그대로 전재한 것임. 병서의 첫 머리에 "乙亥三月日"이라고 기재되어 있는 것을 보면 이규보가 1239년(고종26) 그의 말년인 72세 때 이 시를 지은 것임을 알 수 있음.

19. 西伯寺住老敦裕師, 見寄二首, 使者至門督促, 走筆和寄云, 不是皇恩雨露疎, 烟霞高想自 ⋯⋯ 幽, 須知紫闥催徵召, 休憐青山久滯留, 遁世眞人甘屛跡, 趍時新進競昂頭, 象王何日來騰踏, 狐鼠餘腥掃地收. 莫道長安鯉信疎, 俗音那到水雲幽, 巖堂烟月捿身穩, 京輦風塵戀祿留. 道韻想君風入骨, 宦遊憐我雪蒙頭, 掛冠何日攀高躅, 六尺殘骸老可收. 又別成一首, 謝惠燭日, 東海孤雲十世孫, 文章猶有祖風存, _{崔致遠十世孫. 致遠字孤雲} 兩條金燭兼詩貺, 詩足淸心燭破昏. 師答書曰, 余恐湮沒無傳, 今上板釘于壁上, 以壽其傳云.

　서백사(西伯寺)193)의 주지인 돈유(敦裕) 선사194)가 시 두 수를 부쳐왔는데, 시를 가지고 온 심부름꾼이 문 앞에 서서 화답시를 재촉하므로 주필(走筆)195)로 화운하여 주어 보냈다.

---

193) 서백사(西伯寺) : 고려 때의 사찰로 경남 김해시 부근에 위치했으리라고 추측됨. 이러한 추측은 우리나라에 전해지고 있는 가장 오래 된 사경(寫經)이 서백사 불복장품(佛腹藏品)인 대반야바라밀다경인데, 이것은 김해부호장 겸 예원사(金海府戶長兼禮院使)였던 허진수(許珍壽)가 1042년(정종 8)에 어머니의 만수무강과 아버지의 명복을 빌기 위해 공양했던 것에서 유추할 수 있음.

194) 돈유(敦裕) 선사 : 고려 중기의 스님. 이규보에 의하면 신라 최치원의 십세손이라고 하나 생애에 대해서는 자세히 알 수 없음.

195) 주필(走筆) : 붓을 내달리듯이 글을 빨리 써내려 감을 이르는 말. 당나라 시인 백거이의 시 「여사미진 가위육운 중기미지(餘思未盡加爲六韻重寄微之)」에 '走筆往來盈卷軸, 除官遞互掌絲綸.'라고 하였음. 고려시대에 주필은 죽림고회의 일원인 이담지(李湛之)에게서 비롯되었고, 「한림별곡」에 '이정언(李正言) 진한림(陳翰林) 쌍운주필(雙韻走筆)'이라고 한 것을 보면, 이담지에 이어 이규보와 진화(陳澕)가 당대에 주필로 유명했음을 알 수 있음.

임금의 은혜가 우로[196] 같이 넉넉하지 않은 게 아니라,
연하[197]의 높은 생각 스스로 …… 그윽하기.[198]
당연히 대궐[199]에서 바삐 부르실 줄 아오니,
푸른 산 좋아하여 오래 머물 생각 마시구려.
세상에서 숨어 지내는 진인[200]은 기꺼이 자취 감추는데,
시세를 추종하는 신진들은 다투어 머리 쳐드는구나.[201]
상왕[202]이 어느 날에나 세상에 나타나시어,

---

196) 우로(雨露) : 만물을 소생케 하는 비와 이슬로 여러 사람에게 베푸는 은택을 뜻하는 말로 쓰임. 당나라 시인 고적(高適)의 「송 이소부 폄 협중 왕소부 폄 장사(送李少府貶峽中王少府貶長沙)」시에 '聖代即今多雨露, 暫時分手莫躊躇.'라고 하였음.

197) 연하(煙霞) : 구름과 안개 또는 구름과 노을을 뜻하는 말이지만 문학 작품에 쓰일 때는 산수(山水)나 산림(山林)을 두루 가리키는 말로 사용됨. 중국 남조(南朝) 시대 양(梁)나라의 태자였던 소통(蕭統)의 글 「금대서십이월계 협종이월(錦帶書十二月啓 · 夾鍾二月)」에 '敬想足下, 優遊泉石, 放曠煙霞.'

198) 『동국이상국집』 권17에 실려 있는 같은 시의 시행에 덧붙인 주(註)에 보면, '스님이 왕명을 받아 대궐 안에 상주하다가 지금 일을 그만 두고 본사로 돌아가기 때문에 이렇게 말한 것이다.'(師被命, 常在內道場, 今舍歸本寺, 故云)라고 하였음.

199) 대궐[紫闥] : 자달은 대궐을 가리키는 말로 '闥'은 대궐의 작은 문을 뜻함. 『후한서(後漢書)』 · 「최인전(崔駰傳)」에 '不以此時攀台階, 窺紫闥, 據高軒, 望朱闕.'

200) 진인(眞人) : 도가에서 본성을 잘 닦거나 진리를 닦아서 도를 터득한 사람을 이름. 신선같이 사는 사람을 두루 일컫는 말임. 『장자』 대종사(大宗師)에 '古之眞人, 其寢不夢, 其覺無憂, 其食不甘, 其息深深 …… 古之眞人, 不知說生, 不知惡死, 其出不訢, 其入不距. 翛然而往, 翛然而來而已矣.'

201) 『동국이상국집』 권17에 실려 있는 「차운 화서백사주로 돈유사견기(次韻和西伯寺住老敦裕師見寄)」시제의 제6행인 趁時新進競昂頭에 달려 있는 부주(附註)에 '보내온 시에 후진들이 모두 승문(僧門)의 고품(高品)에 올랐다는 말이 있었기 때문에 이렇게 쓴 것이다.'(來詩, 有及後進皆升僧門高品, 故云.)라고 기술되어 있음.

여우나 쥐 같은 무리203)의 비린내 이 땅에서 쓸어버릴 것인지.
장안의 소식204)이 성기다 마시구려,
속세의 소리가 어찌 그윽한 수운205)에까지 이르겠소.
그대는 암당206)의 연월207)에서 편히 쉬는데,
나는 서울의 풍진 쐬며 녹봉이 좋아 머문다오.

202) 상왕(象王) : 코끼리 가운데 왕이라고 할 수 있는 큰 코끼리의 위용이 대단하여 부처의 위엄을 상징할 만하다는 것에서 나온 불가(佛家)의 말임. 『법원주림(法苑珠林)』 권15에 '二十七, 進止如象王. 二十八, 容儀如師子王. 二十九, 行步如鵝王.'
203) 여우나 쥐 같은 무리[狐鼠] : 성 안에 살고 있는 쥐와 사당 안에 살고 있는 쥐[城狐社鼠]를 가리키는 말로 명리를 좇는 소인이나 남을 해치려는 악인을 비유함. 호가호위(狐假虎威)와 비슷한 말. '對日, 隗誠始禍, 然城狐社鼠也'(『진서』 권49 사곤전謝鯤傳)
204) 소식[鯉信] : 잉어는 기러기와 함께 소식을 전하는 방편으로 여겨져 왔기 때문에 생긴 말임. 이서(鯉書)라고도 함. 중국의 고악부(古樂府) 「음마장성굴행(飮馬長城窟行)」에 '客從遠方來 遺我雙鯉魚 呼童烹鯉魚 中有尺素書'의 쌍리와 중국 만당 때의 문인인 이상은(李商隱)의 「기령호랑중(寄令狐郎中)」에 '嵩雲秦樹久離居, 雙鯉迢迢一紙書.'에서의 쌍리(雙鯉)는 모두 편지를 뜻함.
205) 수운(水雲) : 수운향(水雲鄕) 또는 유수행운(流水行雲)의 준 말. 수운향은 안개가 피어오르는 곳으로, 은자가 사는 맑고 그윽한 자연세계를 가리킴. 유수행운은 흘러가는 물이나 떠도는 구름이 종적이 일정하지 않듯이 정처없이 떠돌아다니는 행각승(行脚僧)의 이칭(異稱)으로도 쓰임. 송나라 소식(蘇軾)의 사(詞) 작품 「남가자·별윤수허중도(南歌子·別潤守許仲途)」에서 '一時分散水雲鄉, 惟有落花芳草斷人腸'라고 하였음.
206) 암당(巖堂) : 깊은 산속의 동굴로, 산동(山洞), 석혈(石穴)이라고도 함. 중국 북위(北魏)의 지리학자 역도원(酈道元)의 저서인 『수경주(水經注)』·하수(河水)2에 '懸巖之中多石室焉. 室中若有積卷矣, 而世士罕有津達者, 因謂之積書巖. 巖堂之內, 每時見神人往還矣.'
207) 연월(煙月) : 운무에 쌓인 청량한 달빛이나 몽롱한 달빛을 이름. 아름다운 자연을 노래하는 연화풍월(煙花風月)의 준말이기도 함. 여기서는 앞의 뜻으로 쓰였음.

백운소설(白雲小說) 99

그대에겐 도의 운치가 골수에 배었을 터이지만,
가련하게도 나는 벼슬살이 하느라 온 머리가 하얘졌다오.
어느 날에나 벼슬 버리고208) 고매한 그대 의지하여,
육척의 쇠잔한 이 몸을 고이 추스릴꼬.

不是皇恩雨露疎,
烟霞高想自209)幽.
須知紫闥催徵召,
休憐靑山久滯留.
遁世眞人甘屛跡,
趁時新進競昂頭.
象王何日來騰踏,
狐鼠餘腥掃地收.
莫道長安鯉信疎,
俗音那到水雲幽.
巖堂烟月棲身穩,
京輦風塵戀祿留.
道韻想君風210)入骨,

---

208) 벼슬 버리고[掛冠]: 벼슬을 상징하는 관복을 벗어서 다시는 입지 않을 요량으로 기둥에 거는 것으로 사직을 뜻하는 말로 쓰임. '逢萌會友人曰, 三綱絶矣, 禍將及人. 卽解衣冠, 掛東都城門, 將家屬客於遼東.'(『후한서』광무제기光武帝紀 5)
209) 『백운소설』에서는 自와 幽사이에 글자가 탈루되어 빠져 있으나 『동국이상국집』권17에 실려 있는 같은 내용의 「차운 화서백사주로 돈유사견기(次韻和西伯寺住老敦裕師見寄)」라는 시에는 '耽'자로 채워져 있음.
210) 風: 『동국이상국집』권17에는 '氷'으로 되어 있음.

宦遊憐我雪蒙頭.
掛冠何日攀高躅,
六尺殘骸老可收.

또 별도로 시 한 수를 지어서 초[燭]를 보내 준 데 대해 사례하였는데, 이러하다.

우리나라 고운 선생의 십세 손이라,
최치원(崔致遠)의 10세 손이다. 치원의 자는 고운(孤雲)이다.
문장에 여전히 선조의 유풍이 남아 있구려.
두 자루 금촉에 시까지 보내 주셨으니,
시로는 마음 맑게 하고 촛불로는 어리석음 깨치리.

東海孤雲十世孫,
文章猶有祖風存.
崔致遠十世孫, 致遠字孤雲.
兩條金燭兼詩貺,
詩足淸心燭破昏.

나의 시를 받고 선사가 다음과 같이 답서를 보내왔다.[211]

---

211) 『동국이상국집』 권17에, 서백사 주지 돈유(敦裕) 스님이 이규보가 보낸 세 수의 시를 받아 거기에 서(序)를 덧붙여 판에 새겨 걸어두고서 보낸 답서를 싣고 있는데, 돈유 스님에게서 온 답서 전문은 다음과 같음. 裕公以此詩三首上板, 因有序寄之, 幷附. 右詩三首, 今寶文閣待制李公某所著也. 凭於公辱知最厚, 往者伏承朝旨, 寓闕內山呼亭, 祝嵩之際, 公亦以翰林在禁中, 草詔餘隙,

나는 그대가 보내준 시가 없어져 전하지 못할까 염려하여, 이제 목판에 새겨 벽 위에 걸어서 오래도록 전하도록 하겠소.

屢訪子居. 一日, 偶有客五六人, 謂公曰, 吾儕飽聞公之唱韻走筆, 未親覩也, 請從衆懇許之如何, 公曰, 諾. 坐客迭相唱韻, 公卽走筆, 書于壁云. 暫出銀臺署, 來尋竹閣僧. 飢飧宜煮蕨, 禪話更添燈. 蓮社難連訪, 金閨業已登. 閑忙皆有伴, 喧靜豈無朋. 師似雲無繫, 予如木不繩. 快哉今夜飮, 遮莫火輪昇. 後數日, 爲今淸河相國所薦, 今晉陽侯也. 乃入晉康公邸, 公先密使相國修文殿大學士琴公, 抄韻五十餘字, 召公於座前, 仍命寮屬諸卿分奉筆硯. 公自占庭中所養孔雀爲題, 使學士連聲唱韻, 屢督促之, 公旁若無人, 傲然嘯詠, 卽下筆如迅雷奔電, 不容一瞥, 晉康公嘆息至垂涕. 因奏于上, 超資授六品. 未幾, 遷右正言, 知制誥. 噫, 公之如此神妙盛作之膾炙人口者, 不可勝紀, 而此詩三首, 如公所言使者在門督促, 故走筆和成遠寄, 則予恐湮沒無聞, 後莫有知之者, 今上板釘于壁上, 以壽其傳云耳. 時重光大荒落皐月旣望, 西伯寺典香火老凭跋.

20. 夜夢, 有人以青玉硯滴小瓶授余, 扣之有聲, 下圓而上尖, 有兩竅極窄, 復視之無竅. 寤而異之, 以詩解之日, 夢中得玉瓶, 綠瑩光鑑地. 扣之鏗有聲, 緻潤宜貯水. 剩將添硯波, 快作詩千紙. 神物喜幻化, 天工好兒戲. 膴然翻閉口, 不受一滴洟. 有如仙石開, 罅縫流靑髓. 須臾復堅合, 不許人容指. 混沌得七竅, 七日乃見死. 怒風號衆穴, 萬擾從此起. 鑽瓠憂屈轂, 穿珠厄夫子. 凡物貴其全, 瓠鑿反爲累. 形全與神全, 要問漆園吏.

　어느 날 밤 꿈속에서 어떤 사람이 푸른 옥으로 된 조그만 병 모양의 연적을 나에게 주었다. 두드려보니 소리가 나고 밑은 둥글고 위는 뾰족하였으며, 두 개의 좁은 구멍이 있었으나 다시 들여다보니 구멍이 없어졌다. 꿈에서 깨어 이상하게 생각하여서는 시를 써서 꿈을 풀이해 봤다.

　　　　꿈속에서 옥병을 얻었더니,
　　　　푸른 옥빛이 땅을 거울처럼 비추네.
　　　　두드리니 쟁그랑 소리가 나고,
　　　　단단하고 매끈하여 물 담기에 좋았네.
　　　　그 물을 벼루에 부으면,
　　　　흔쾌히 시 천 장을 쓸 수 있으리.
　　　　신선은 변화하는 것 기뻐하고,
　　　　조물주는 아이들 장난질 좋아한다지.
　　　　갑자기 구멍이 꽉 막히면,
　　　　한 방울의 물도 받아들이지 않네.

마치 신선바위가 벌어져,

틈새로 푸른 샘물이 흐르는 것 같았네.

잠깐 사이에 다시 굳게 닫히자,

사람의 손가락도 들이밀 수 없네.

혼돈이 일곱 구멍을 얻으니,

이레 만에 바로 죽었다지.212)

성난 바람이 뭇 구멍들에서 울부짖고,

온갖 소란이 이로부터 일어났다네.

박을 쪼개는 일은 굴곡에게 걱정 끼쳤고,213)

---

212) 혼돈(混沌)이 …… 죽었다네. : 이 부분은 『장자』·응제왕(應帝王)에 나오는 내용의 일부분을 용사한 것으로 혼돈은 원기(元氣)가 아직 나뉘기 전의 모양을 뜻함. 응제왕(應帝王)에서 무위(無爲)의 정치를 설명하면서 "남해의 임금을 '숙(儵 : 빨리 나타나는 모양)', 북해의 임금을 '홀(忽 : 빨리 사라지는 모양)', 중앙의 임금을 '혼돈'이라 한다. 숙과 홀이 함께 혼돈의 땅을 찾으니, 혼돈은 이들을 잘 대접했다. 숙과 홀이 혼돈의 은혜에 보답코자 상의하기를 '사람은 일곱 개의 구멍으로 보고, 듣고, 먹고, 숨 쉰다. 그런데 혼돈만이 구멍이 없으니, 혼돈에게 그 구멍이나 뚫어주자.' 하고 두 임금은 날마다 구멍 하나씩을 뚫었는데, 이레째 되는 날 구멍을 파고 나니 혼돈은 그만 죽었다."(南海之帝爲儵, 北海之帝爲忽, 中央之帝爲混沌. 儵與忽, 時相與遇於混沌之地, 混沌待之甚善, 儵與忽謀報混沌之德曰, 人皆有七竅, 以視聽食息. 此獨無有, 嘗試鑿之, 日鑿一竅, 七日鑿成而死.)고 한 데서 인용한 것임.

213) 박을 쪼개는 일은 굴곡에게 걱정 끼쳤고[鑽瓠憂屈穀]: 이 구절은 『한비자』외저설 좌(外儲說左)에서 용사한 것으로, 굴곡(屈穀)은 전국시대 송(宋)나라 사람임. '제(齊)나라에 거사(居士) 전중(田仲)이란 자가 있었는데, 송(宋)나라 사람 굴곡(屈穀)이 그를 뵙고는 말하기를 "제가 들으니, 선생께서는 고결하시어 남에게 의지하여 살지 않으신다는군요. 지금 제게 박을 기르는 좋은 방법이 있사온데 그 방법을 쓰면 구멍을 뚫을 수가 없을 정도로 돌처럼 단단한 박을 얻을 수 있습니다. 그 방법을 선생에게 알려드릴까 합니다." 하자, 전중이 "박의 좋은 점은 물건을 담을 수 있다는 것인데, 단단해서 구멍을 뚫을 수가 없다면 쪼개서 물건을 담을 수가 없잖아요. 그렇다면 나는 그런 박을 기르는 방법이

구슬을 꿰는 일은 공자를 괴롭게 했네.214)
모든 물건은 그 온전함을 귀히 여기나니,
박을 쪼개는 일은 도리어 누가 되는구나.
형체의 온전함과 정신의 온전함은,
칠원리(漆園吏)215)에게 물어보라.216)

夢中得玉甁,
綠瑩光鑑地.
扣之鏗有聲,
緻潤宜貯水.
剩將添硯波,
快作詩千紙.
神物喜幻化,

필요 없겠구려." 하니 굴곡이 "그럼 저도 버리겠습니다."'(齊有居士田仲者, 宋人屈穀見之曰, 穀聞先生之義, 不恃仰人而食, 今穀有樹瓠之道, 堅如石厚而無竅獻之. 仲曰, 夫瓠所貴者, 謂其可以盛也, 今厚而無竅, 則不可剖以盛物, 而任重如堅石, 則不可仰而以斟, 吾無以瓠爲也. 曰, 然穀將以欲弃之.)

214) 구슬 꿰는 일은 공자를 괴롭게 했네.[穿珠厄夫子] : 이 구절은 송(宋)나라 육암(陸庵)이 편찬한 『조정사원(祖庭事苑)』에 나오는 것으로, "공자가 진·채(陳蔡)에서 곤액을 당할 적에 아홉 구비로 꾸불꾸불 구멍이 뚫린 구곡주(九曲珠)를 실로 꿰려 했으나 꿸 방법이 없었는데, 어떤 여인이 방법을 알려주자, 공자는 개미허리에 실을 매고 그 실에 꿀을 발라 꿰었다."는 데서 용사한 것임. '小說云, 孔子得九曲珠, 欲穿不得, 遇二女教, 以塗脂于線, 使蟻通焉.'

215) 칠원리(漆園吏) : 장자(莊子)를 가리키는 말로, 장자는 몽땅 사람으로 칠원리라는 명칭은 그가 일찍이 몽땅에서 칠원(漆園, 옻나무를 심는 밭)을 관리하는 벼슬아치로 있었기 때문에 붙여진 이름임. '莊子者, 蒙人也. 名周, 周嘗爲蒙漆園吏.'

216) 이 시는 『동국이상국집』 권5에 「몽 옥병(夢玉甁)」이라는 시제로 실려 있음.

天工好兒戲.
脃然翕閉口,
不受一滴泚.
有如仙石開,
罅縫流青髓.
須臾復堅合,
不許人容指.
混沌得七竅,
七日乃見死.
怒風號衆穴,
萬擾從此起.
鑽瓠憂屈轂,
穿珠厄夫子.
凡物貴其全,
瓠鑿反爲累.
形全與神全
要問漆園吏

21. 知奏事崔公宅, 千葉榴花盛開, 世所罕見. 特喚李內翰仁老, 金內翰克己, 李留院湛之, 咸司直淳及余, 占韻命賦. 余詩云, 玉顔初被酒, 紅暈十分侵. 葩馥鍾天巧, 姿嬌挑客尋. 蘂香晴引蝶, 散火夜驚禽. 惜艷敎開晚, 誰知造物心. 自況余晚達.

    지주사(知奏事)[217] 최공(崔公)[218]의 집에 천엽유화(千葉榴花)[219]가 활짝 피었는데 세상에서 보기 드문 일이었다. 특별히 내한(內翰)[220] 이인로(李仁老)[221], 내한 김극기(金克己)[222], 유원(留院)[223]

---

217) 지주사(知奏事) : 고려 때 중추원(中樞院)의 정3품직(승선방의 장관급). 왕명의 출납(出納)을 담당했음.
218) 최공(崔公) : 고려 후기의 무신집권자였던 최충헌(崔忠獻, 1149~1219)을 이름. 본관은 우봉(牛峰). 초명은 난(鸞). 1196년 동생 충수(忠粹)와 함께 이의민을 살해하고 그 일당을 숙청하여 정권을 장악. 집권 후 1207년에 중서령 진강공(中書令晉康公)에 올랐음. 최충헌 이전의 무인집권자들은 한 개인의 독주를 허용하지 않는 특징에 따라 다른 무인들과 권력을 공유했으나, 최충헌은 문무의 전권을 장악하고 마음대로 왕을 폐위시키는 등 권력을 독점했는데, 개인 호위대인 도방을 편성한 것도 권력 독점과 밀접하게 관련된 것임. 무인으로서 우문정책(右文政策)을 펼쳐 이규보(李奎報) 등을 등용하여 문운(文運)의 진흥을 꾀하기도 했으나 이후 아들 우(瑀), 손자 항(沆), 증손자 의(竩) 등 4대에 걸쳐 무단정치의 권력이 세습되었으므로 국가의 기강이 무너졌음. 시호는 경성(景成).
219) 천엽유화(千葉榴花) : 꽃잎이 천 장이나 되는 석류꽃을 이름. 『본초(本草)』, 안석류(安石榴)에 "석류는 5월에 꽃이 피는데 홍·황·백의 삼색이 있다. 단엽(單葉)의 석류에는 열매가 열리고, 천엽(千葉)의 석류에는 열매가 열리지 아니한다"라고 하였음.
220) 내한(內翰) : 고려시대 관직으로 한림원(翰林院)과 보문각(寶文閣)에 속했던 내지제고(內知制誥)의 별칭으로 추측됨. 고려시대에는 궁중에 문한직(文翰職)으로 한림원, 사관, 비서성, 보문각, 동문원, 유원(留院) 등의 육관(六館)이 있었는데, 그 가운데 직접 왕명에 따라 조칙을 작성하는 한림원을 으뜸으로 여겼음.
221) 이인로(李仁老, 1152~1220) : 고려 중기의 문신. 초명은 득옥(得玉), 자는 미수

이담지(李湛之)[224], 사직(司直)[225] 함순(咸淳)[226]과 나를 불러서는 운자를 부르며 시를 짓게 하였다. 그 자리에서 내가 지은 시는 이

> (眉叟). 무인집권 하에서 죽림고회의 모임을 주도했던 사람으로, 관직은 우간의대부를 지냈음. 시문에 능하였으나 『고려사』 열전(列傳)에서 그에 대하여 "성미가 편벽하고 급하여 당시 사람들에게 거슬러서 크게 쓰이지 못하였다(性偏急 忤當世 不爲大用)."라고 한 것처럼 무인들 치하에서 그가 가졌던 능력만큼 크게 인정받지 못했음. 그가 남긴 저서로 자신의 문집인 『은대집(銀臺集)』 전후집 24권과 시화집 『파한집(破閑集)』이 있으며, 당시 은퇴한 고위관료들의 모임인 기로회(耆老會) 멤버들의 시문을 모아 편찬한 『쌍명재집(雙明齋集)』 세 권이 있었다고 하나 지금은 『파한집』 3권과 『동문선』에 98편의 시문이 전하고 있을 뿐임.
> 222) 김극기(金克己) : 고려 중기의 문인. 호는 노봉(老峯). 어려서부터 문명(文名)이 높았고, 문과(文科)에 합격하였으나 관직에 뜻이 없어 그대로 초야에 묻혀 시작(詩作)에 몰두했음. 그는 격조 높은 전원시로 문명을 얻었고, 당시 농촌의 고통 받던 민초들을 노래한 작품도 많았다고 함. 명종 때에 용만(龍灣 : 지금의 평안북도 의주)의 좌장(佐將)을 거쳐 한림학사가 되었음. 고려 말엽에 간행된 『삼한시귀감(三韓詩龜鑑)』에 따르면 150권이나 되는 거질(巨帙)의 『김거사집(金居士集)』을 남겼다고 하나 지금에는 전하지 않음.
> 223) 유원(留院) : 고려시대 한림원에서 편수(編修) 관계의 일을 담당했던 정4품 벼슬인 직원(直院)의 별칭으로 추측됨. 고려시대에 궁중에 문한직(文翰職)으로 한림원, 사관, 비서성, 보문각, 동문원, 유원(留院) 등의 육관(六館)이 있었는데, 유원은 그 가운데 하나임.
> 224) 이담지(李湛之) : 고려 중기의 문신. 자는 청경(淸卿). 죽림고회의 한 사람으로 이인로·오세재·임춘·조통·황보항·함순과 교류하였음. 이규보의 「논주필사약언論走筆事略言」에서는 그를 주필(走筆)의 창시자로 기록하고 있어 문재(文才)가 뛰어났음을 알 수 있음. 시는 전하는 것이 없고, 이규보의 『동국이상국집』에 그와 공부(共賦)한 시를 보면 자신의 시에 대한 자부심과 빈약한 처지에 대한 한탄을 엿볼 수 있음.
> 225) 사직(司直) : 고려시대 영(領)의 부지휘관인 정5품의 중낭장(中郎將)으로 관료 및 솔부(率府)의 군사들을 다스리는 임무를 띠었음.
> 226) 함순(咸淳) : 고려 중기의 문신. 자는 자진(子眞). 문재(文才)와 절행(節行)이 있었고, 과거에 급제하여 양양 고을의 지방관을 지내기도 했음. 죽림고회의 한 사람으로 시주(詩酒)를 즐겼음.

러하다.

백옥 같은 얼굴에 술기운 오르더니,
얼굴이 온통 발그레해졌네.
꽃과 향기는 조물주의 기교 모은 것이,
아리따운 자태는 찾은 객을 유혹하네.
향을 사르듯이 맑은 날에 나비를 끌고,
불빛 흩어진 듯 밤에는 새를 놀래키네.
그 아름다움 아까워 늦게 피게 하였는가,
조물주의 마음을 누가 알겠는가.[227]

玉顔初被酒,
紅暈十分侵.
葩馥鍾天巧,
姿嬌挑客尋.
爇香晴引蝶,
散火夜驚禽.
惜艶敎開晩,
誰知造物心.

이 시에서 스스로 늦게 출세한 나 자신을 비유하였다.

---

227) 이 시는 『동국이상국집』 권9에 실려 있는데, 제목 「知奏事 ……」 앞에 '己未 五月日'라는 구절이 첨부되어 있는 것을 보면, 이 시가 기미년(己未년)인 1199년(신종 2년) 5월, 이규보의 나이 32세 때에 창작된 것임을 알 수 있음.

22. 余於中秋, 泛舟龍浦, 過洛東江, 泊犬灘. 時夜深月明, 迅湍激石, 靑山蘸波, 水極淸澈, 跳魚走蠏, 俯可數也. 倚船長嘯, 肌髮淸快, 灑然有蓬瀛之想. 江上有龍源寺, 寺僧出迎, 相對略話. 因題二首, 水氣凄涼襲短衫, 淸江一帶碧於藍. 柳餘陶令門前五, 山勝禹强海上三. 天水相連迷俯仰, 雲煙始捲辨東南. 孤舟暫繫平沙岸, 時有胡僧出小庵. 淸曉泛龍浦, 黃昏泊犬灘. 點雲欺落日, 狠石捍狂爛. 水國秋先冷, 船亭夜更寒. 江山眞勝畵, 莫作畵屛看. 遇興率吟, 亦未知中於格律也.

내가 중추(中秋)에 용포(龍浦)228)에서 배를 띄워 낙동강을 지나 견탄(犬灘)229)에 배를 대니, 마침 밤은 깊고 달이 휘영청 밝았다. 여울물은 돌을 치며 급히 흘러가고, 푸른 산은 물결에 잠겼는데, 물이 매우 맑아 달빛에도 뛰는 물고기와 달리는 게를 내려다보며 셀 수 있을 정도였다. 배에 기대여 길게 휘파람 부니 온 몸이 상쾌하여 쇄연(灑然)히 봉래(蓬萊)와 영주(瀛洲)230)에 있다는 생각이 들었다. 강가에는 용원사(龍源寺)가 있었는데, 그 절 스님이 나와 우리를 맞았다. 서로 마주하여 얘기를 나누다가 두 수의 시를 지었다.

---

228) 용포(龍浦) : 경상북도 문경에 있다는 용연(龍淵)의 다른 이름.
229) 견탄(犬灘) : 경북 선산에 있는 낙동강 하류의 여울 이름.
230) 봉래(蓬萊)와 영주(瀛洲) : 방장(方丈)과 함께 발해의 동쪽에 있다고 하는 삼신산(三神山)을 이름. 여기서는 마치 신령스런 삼신산에 온 것 같다는 느낌을 말한 것임.

서늘한 물 기운은 짧은 적삼에 스며드는데,
한 줄기 맑은 강물은 쪽빛보다 푸르구나.
도연명의 문전에는 버드나무 다섯 그루 남아 있고,231)
산은 우강232) 바다 위의 삼신산233)보다 낫네.
하늘과 물이 서로 이어지니 천지가 아득하고,
구름과 이내 걷히기 시작하니 동·남쪽 알겠네.
외로운 배 잠시 평평한 모래 언덕에 매니,
때마침 조그마한 암자에서 스님이 나오시네.234)

水氣凄凉襲短衫,
淸江一帶碧於藍.
柳餘陶令門前五,

---

231) 도연명의 문전에는 버드나무 다섯 그루 남아 있고 : 중국 진(晉)나라의 전원 시인인 도잠(陶潛 : 연명은 그의 자)이 팽택(彭澤)에서 잠간 동안 영(令)을 지냈으므로 그를 도령(陶令)이라 별칭 하였음. 그가 문 앞에 다섯 그루 버들을 심어 놓고 살면서 「오류선생전(五柳先生傳)」을 지어 자칭 오류선생(五柳先生)이라 하였음. '先生不知何許人也, 亦不詳其姓氏, 宅邊有五柳樹, 人以爲號焉'(「오류선생전(五柳先生傳)」)

232) 우강(禺强) : 북해(北海)의 신으로 현명자(玄冥子)라고도 하는데 얼굴은 사람이고, 몸뚱이는 새와 같으며, 두 귀에는 파란 뱀을 매어 단 채, 두 발로 붉은 뱀을 밟고 있는 형상을 하고 있음. 『열자』 탐문(湯問)에 '오산(五山)이 뿌리 내리지 못하고 이리저리 옮겨 다니는 것이 안타까워 선성(仙聖)이 상제(上帝)에게 하소연 하니 상제는 우강에게 명하여 뿌리 붙이게 하였다.'고 한 말이 있으므로 이 시에서는 우강이 오산을 뿌리 내리게 한 것처럼 두 강이 아름다운 해산(海山)을 옮겨다 놓은 것 같다는 사실을 말하고 있음.

233) 삼산(三山) : 봉래(蓬萊)·영주(瀛洲)·방장(方丈)의 삼신산(三神山)을 말함. 봉래와 영주(瀛洲)는 발해(渤海)의 동쪽에 있다는 섬으로 신선이 사는 오도(五島)에 포함됨.

234) 이 시가 『동문선』 권14에는 「과 용담사(過龍潭寺)」라는 제목으로 실려 있음.

山勝禺强海上三,
天水相連迷俯仰,
雲煙始捲辨東南.
孤舟暫繫平沙崖,
時有胡僧出小庵.

맑은 새벽에 용포에 배를 띄웠다가,
황혼에 견탄에 배를 댔네.
점점이 떠 있는 구름이 지는 해 가리고,
사나운 돌은 미친 물결을 막는구나.
수국이라 가을 날씨 먼저 서늘하고,
배 위라서 밤이 더욱 싸늘하네.
강산이 참으로 그림보다 아름다우니,
병풍에 그려 놓고 보지 마시구려.

淸曉泛龍浦,
黃昏泊犬灘.
點[235)]雲欺落日,
狠石捍狂爛.
水國秋先冷,
船亭夜更寒.
江山眞勝畫,
莫作畫屛看.

---

235) '點'자가 『동국이상국집』 권6에는 '點'자로 되어 있음.

흥이 나서 가볍게 읊은 것이라서 격률(格律)236)에 맞는지 모르겠다.237)

---

236) 격률(格律) : 격은 체제(體製)이며, 율(律)은 법도(法度)로 평측(平仄), 음운(音韻), 자수(字數), 구수(句數) 등의 형식을 말함.
237) 이 조목은 『동국이상국집』 권6의 「八月七日黎明, 發龍潭寺, 明日 ……」로 시작되는 시제와 그에 따르는 두 수의 시를 그대로 전재하였으나, 서로 간에 글자의 출입이 있음. 『동국이상국집』 「연보(年譜)」에 의하면, 이규보가 29세 때인 1196년 4월에 개성에서 최충헌이 이의민을 죽이고 권력을 장악하는 과정에서 무신들 내부에 권력쟁탈전이 일어나 개성의 분위기가 살벌했으므로 지금의 여주로 좌천된 자형(姊兄)을 찾아보고 여러 곳을 전전하다가 10월에 개성으로 돌아왔음. 이 남행(南行) 기간 동안에 남유시(南遊詩) 90여 편을 지었고, 이 시가 바로 그 가운데 한 수라는 것을 알 수 있음.

23. 翌日, 放舟不棹, 順流東下. 夜泊元興寺前, 寄宿船中, 時夜靜人眠, 惟聞水中跳魚潑潑然有聲. 余枕臂小眠, 夜寒, 不得久寐, 漁歌商笛相聞于遠近, 天喬水淸, 沙明岸白, 波光月影, 搖蕩船閣, 前有奇巖怪石, 如虎踞熊蹲, 余岸幘徒依, 頗得江湖之樂, 況日擁紅粧, 管絃歌吹, 得意而遊, 則其樂曷勝道哉. 得詩二首云, 碧天浮遠水, 雲島認蓬萊. 碧天浮遠水, 雲島認蓬萊. 浪底紅鱗沒. 煙中白鳥來. 灘名隨地換, 山色逐舟廻. 喚取江城酒, 悠然酌一盃. 夜泊沙汀近翠巖, 坐吟篷底撚疏髥. 水光瀲瀲搖船閣. 月影微微落帽簷. 碧浪漲來孤岸沒, 白雲斷處短峰尖. 管聲嘲哳難堪聽, 須喚彈箏玉指纖. 時使一吏吹笛.

다음날 배를 띄워 삿대를 내맡긴 채 흐르는 대로 동쪽으로 내려갔다. 밤에 원흥사(元興寺)[238] 앞에 배를 대고 배 안에서 묵는데 밤은 고요하고 사람들이 잠든 시간이라 오직 물속에서 고기가 뛰어 오르는 소리만 들렸다. 내가 팔뚝을 베고 조금 잠들었으나, 밤 날씨가 싸늘하여 오래 자지 못하였다. 고기잡이의 노래 소리와 장사치들의 피리 소리가 멀고 가까운 데서 들려오는데 하늘은 높고 물은 맑으며 모래톱은 밝게 반짝이고 모래언덕은 하얬다. 물결 빛과 달 그림자는 뱃머리에 출렁대고, 앞으로는 기이한 바위와 괴상한 돌이 있어 마치 범이 걸터앉고 곰이 쭈그리고 있는 것 같았다. 나는 두건을 젖혀 쓰고 비스듬히 기댄 채 강호(江湖)의 즐

---

238) 원흥사(元興寺) : 고려시대에 선산군(善山郡) 가덕부곡(加德部曲)에 있던 절 이름.

거움을 만끽했다. 하물며 날마다 미녀를 옆에 끼고 악기를 연주하고 노래하며 마음껏 즐긴다면 그 즐거움이야 어찌 다 말할 수 있겠는가? 시 두 수를 지었는데, 이러하다.

푸른 하늘이 아득히 물에 떠 있어,
구름에 가려진 봉래섬인가 하네.
물결 밑으로 붉은 물고기 사라지고,
안개 속으로 백조 날아오네.
여울 이름은 곳에 따라 바뀌고,
산 풍경은 배 가는 대로 다르네.
강 마을의 술을 주문하여 가져다,
유연히 한 잔을 따르네.

碧天浮遠水
雲島認蓬萊
浪底紅鱗沒
煙中白鳥來
灘名隨地換
山色逐舟廻
喚取江城酒
悠然酌一盃

밤에 모래톱의 푸른 바위 가까이 배 대고는,
배 안에 앉아 읊조리며 성긴 수염 쓰다듬네.

출렁거리는 물빛은 선각을 흔들고
그윽한 달빛은 모자챙을 비추네.
푸른 물결 넘쳐나 높은 언덕이 묻히고
흰 구름 끊어진 곳에 짧은 봉우리 날카롭네.
지저귀는 듯한 피리 소리 듣기 어려우니,
쟁[239] 타는 섬섬옥수 불러야겠네.

夜泊沙汀近翠巖
坐吟篷底撚疏髥
水光瀲瀲搖船閣
月影微微落帽簷
碧浪漲來孤岸沒
白雲斷處短峰尖
管聲嘲哳難堪聽
須喚彈箏玉指纖

그때에 한 아전을 시켜 이 시를 피리로 연주하게 하였다.[240]

---

[239] 쟁(箏) : 중국 진(秦)나라 때 몽염(蒙恬)이 만들었다고 하는 열두 줄로 된 중국 고대의 현악기.
[240] 이 조목은 『동국이상국집』 권6에 실려 있는 「명일 방주 부도(明日放舟不棹)」라는 시제의 두 수의 시를 전재한 것으로 서로 간에 글자의 출입이 많음.

24. 余奉朝勅, 課伐木於邊山, 以其常督伐木, 故呼余曰斫木使. 余於路上, 戲作詩曰, 權在擁車榮可詫, 官呼斫木辱堪知. 以類於擔夫樵者之事故也. 初入邊山, 層峰複岫, 昂伏屈展, 傍負大海, 海中有群山蝟島, 皆朝夕所可至. 海人云, 得便風, 去中國亦不遠也. 嘗過主使浦, 明月出嶺, 晃暎沙渚, 意思殊瀟灑, 放轡不驅, 前望滄海, 沈吟良久, 馭者怪之. 得詩一首云, 一春三過此江頭, 王事何曾怨未休. 萬里壯濤奔白馬, 千年古木臥蒼虯. 海風吹落蠻村笛, 沙月來迎浦客舟. 擁去騶童應怪我, 每逢佳景立遲留. 余初不思爲詩, 不覺率然自作也.

　내가 조정의 명령을 받들어 변산[241]에서 나무 베는 일을 맡아 늘 벌목을 독촉하였으므로 나를 작목사라고 불렀다. 내가 길을 가다가 장난으로 시를 지어 이르기를,

　　호위하는 수레에서 권세 나오니 그 영광 자랑할 만한데,
　　관에서 작목사라 부르니 부끄러운 일인 줄 알겠네.

　　權在擁車榮可詫,
　　官呼斫木辱堪知.

---

241) 변산(邊山) : 전라북도 부안군에 있는 산 이름으로 높이는 508m이고, 최고봉은 의상봉임. 예로부터 능가산, 영주산, 봉래산이라 불렸으며 호남의 5대 명산 중 하나로 꼽혀왔음. 이곳에 재목으로 쓸 수 있는 나무가 많이 생산되고 지리적으로도 바다에 인접하고 있어 고려 시대 조정에서 사용할 목재 생산지로 유명했음.

라고 하였으니, 이는 내가 하는 일이 지게꾼이나 나무꾼이 하는 일에 진배없기 때문이었다. 처음 변산에 들어가니 층층이 쌓인 산봉우리가 올려다보기도 하고 엎드려 있기도 하며 구부리거나 펼쳐 있는 형상을 하고 있었다. 옆으로 등지고 있는 큰 바다 가운데는 군산도(群山島)와 위도(蝟島)242)가 있는데 배로 한나절이면 닿을 수 있는 곳이었다. 바닷가 사람이 말하기를, "편서풍을 타게 되면 중국과 그리 멀지 않습니다."라고 했다. 언젠가 주사포(主使浦)를 지나오는데, 마침 밝은 달이 산마루 위에 떠올라 환하게 모래톱을 비추고 있어 내 마음이 상쾌하기 그지없었다. 말고삐를 놓은 채 천천히 길을 가며 앞으로 닥 트인 넓은 바다를 바라보면서 오랫동안 웅얼웅얼 시를 읊조리니 마부가 이상하게 생각하였다. 그때 시 한 수를 얻었는데, 이러하다.

금년 봄에는 세 번이나 이 강을 지나니,
나라 일이라 어찌 쉬지 못한다 원망하리요.
만리의 큰 물결 백마가 내달리는 듯
천년의 고목은 푸른 규룡이 누워 있는 듯
바닷바람은 시골 마을의 젓대 소리 보내고,
모래톱의 달빛은 포구 찾은 배 맞이하네.
말 모는 아이는 나를 괴이하다 하겠지만,
좋은 경치 만날 때마다 발길 멈춰 머뭇거린다네.243)

---

242) 군산도(群山島)와 위도(蝟島) : 군산도는 전북 옥구군 미면(米面)에 속한 섬이고, 위도는 전북 부안군에 속한 섬임.

一春三過此江頭,
王事何曾怨未休.
萬里壯濤奔白馬,
千年古木臥蒼虯.
海風吹落蠻村笛,
沙月來迎浦客舟.
擁去騶童應怪我,
每逢佳景立遲留.

라고 했다. 내가 처음에는 시를 지으려고 생각지도 않았는데, 나도 모르는 사이에 갑자기 저절로 짓게 됐다.

---

243) 이 조목의 글은 『동국이상국집』 권23의 「남행월일기(南行月日記)」와 권10에 실려 있는 「삼월 우도보안현 강상과목(三月又到保安縣江上課木)」이라는 시제의 시를 전재한 것임.

25. 詩有九不宜體, 是余之所深思而自得之者也. 一篇內, 多用古人之名, 是載鬼盈車體也. 攘取古人之意, 善盜猶不可, 盜亦不善, 是拙盜易擒體也. 押强韻無根據, 是挽弩不勝體也. 不揆其才, 押韻過差, 是飮酒過量體也. 好用險字, 使人易惑, 是設坑導盲體也. 語未順而勉引用之, 是强人從己體也. 多用常語, 是村父會談體也. 好犯丘軻, 是凌犯尊貴體也. 詞荒不刪, 是莨莠滿田體也. 能免此不宜體格而後, 可與言詩矣.

시에는 '아홉 가지의 마땅하지 않은 체[九不宜體]'가 있으니, 이것은 내가 깊이 생각해서 스스로 터득한 것이다. 시 한 편 안에 옛 사람의 이름을 많이 쓰는 것은 귀신을 수레에 가득 실은 '재귀영거체(載鬼盈車體)244)'이다. 옛사람의 뜻을 가져오는 것은 선의의 도적질이더라도 하지 말아야 하는 건데 그 도둑질조차도 능숙하게 하지 못한다면 이는 서툰 도둑이 쉽게 잡힌다는 '졸도이금체(拙盜易擒體)'245)에 해당한다. 강운(强韻)을 아무 근거 없이 쓰는 것은 활시위를 당기려다 힘에 부쳐 놓치고 마는 '만노불승체(挽弩不勝體)'이다. 자신의 역량을 생각하지 않고 능력에 넘치게 압운자를

---

244) 재귀영거(載鬼盈車) : 이 말은 『주역』 「규괘(睽卦)」의 '載鬼一車'에서 나온 말임. 이 괘를 풀이한 전(傳)에서 '鬼는 본래 형체가 없는 것인데, (형체가 없는 것이) 수레에 가득 실린 것을 보았다면 이는 없는 것을 있다고 하는 것이니 망령됨이 매우 심하다(鬼本无形, 而見載之一車, 言其以无爲有, 妄之極也).'라고 하였음. 이인로(李仁老)의 『파한집』에서는 시를 지을 때 사람의 이름이나 고사를 많이 사용한 것을 점귀부(點鬼簿)라고 했음.('詩家作詩多事, 謂之點鬼簿.')
245) 졸도이금체(拙盜易擒體) : 읽는 사람이 표절한 것을 쉽게 눈치 채지 않게 환골탈태(換骨奪胎)의 수사적 기교를 부릴 줄 알아야 한다는 것임.

사용하는 것은 술을 자신의 주량에 넘치게 마시는 '음주과량체(飮酒過量體)'이다. 어려운 글자를 쓰기 좋아하여 다른 사람들로 하여금 미혹되게 하는 것은 구덩이를 파 놓고 그곳으로 맹인을 인도하는 '설갱도맹체(設坑導盲體)'[246]이다. 말이 불순한 데도 억지로 그것을 쓰게 하는 것은 강제로 사람들로 하여금 자신을 따르게 하는 '강인종기체(强人從己體)'이다. 시에서 일상적인 말을 많이 쓰는 것은 시골 남자들이 모여서 마구 지껄이는 '촌부회담체(村夫會談體)'이다. 공자나 맹자[丘軻][247]의 말을 쓰기 좋아하는 것은 외람되게도 존귀한 사람을 범하는 '능범존귀체(凌犯尊貴體)'이다. 말이 거친 데도 잘 다듬지 않는 것은 밭에 잡초가 가득한 '낭유만전체(莨莠滿田體)'[248]이다. 이러한 마땅하지 않은 체를 극복하고 난 후에야 더불어 시를 말할 수 있을 것이다.[249]

---

246) 여기에서의 도(導) 자가 「논 시중미지 약언(論詩中微旨略言)」(『동국이상국집』 권22)에는 인(引) 자로 되어 있음.

247) 공자나 맹자[丘軻] : 구(丘)는 공자의 이름이고, 가(軻)는 맹자의 이름임.

248) 낭유만전체(莨莠滿田體) : '낭유(莨莠)'는 강아지풀로 사악한 사람을 비유하는 말로 사용되는데, 여기서는 작품에 아무 가치 없는 내용으로만 가득 채워져 있에 작품성을 심각하게 훼손하고 있다는 것을 가리킴. '名聲重京洛, 踪迹晦莨莠.'(송宋나라 왕안석王安石의 시 『증 진군경초(贈陳君景初)』)

249) 이 글은 「논 시중미지 약언(論詩中微旨略言)」(『동국이상국집』 권22)의 중간 부분에 해당됨.

26. 夫詩, 以意爲主, 設意最難, 綴辭次之. 意亦以氣爲主, 由氣之優劣, 乃有深淺耳. 然氣本乎天, 不可學得, 故氣之劣者, 以雕文爲工, 未嘗以意爲先也, 蓋雕鏤其文, 丹靑其句, 信麗矣, 然中無含蓄深厚之意, 則初若可翫, 至再嚼則味已窮矣. 雖然自先押韻, 似若妨意, 則改之可也. 唯於和人之詩也, 若有險韻, 則先思韻之所安, 然後措意也. 句有難於對者, 沈吟良久, 不能易得, 則卽割棄不惜, 宜也. 方其搆思, 思若深僻則陷, 陷則着, 着則迷, 迷則有所執, 而不通也. 惟其出入往來, 變化自在, 而達于圓熟也. 或有以後句救前句之弊, 以一字助一句之安, 此不可不思也.

대개 시는 뜻[意]을 주로 삼는다. 그러므로 뜻을 베푸는 것이 가장 어렵고, 글을 짓는 것이 그 다음이다. 뜻은 또 기(氣)를 주로 삼으므로 기의 우열에 따라 뜻의 깊고 얕음이 나타나게 된다.[250] 그러나 기는 천성적으로 타고나는 것이므로 배워서 얻을 수 있는 것이 아니다. 그러므로 타고난 기가 졸렬한 사람은 문장을 교묘하게 수식하는 데에 힘쓰느라 뜻을 우선으로 삼지 않는다. 대개 문장을 아로새겨 다듬고 시구를 화려하게 꾸미면 글이 참으로 아름다워 보인다. 그러나 글 속에 심후한 뜻이 깃들어 있지 않으면 처음에는 감상할 만하지만, 다시 재음미해 보면 그 맛이 이미 다

---

250) 여기에서는 고려 중기에 임춘, 이규보, 최자 등에 의해서 제기된 '문이기위주(文以氣爲主)' 즉 주기적(主氣的) 문학이론인 문기론(文氣論)을 언급하고 있음. '기(氣)'는 사물의 본질이자 인간자아(人間自我)의 본원(本源)을 말하는 것이므로 이러한 주기적(主氣的) 문학은 시인의 개성을 강조한 문학이론이라고 할 수 있음.

하고 만다.

  비록 그러하나 자신이 먼저 압운한 것이 시의 뜻을 해친다고 생각될 것 같으면 운자를 고치는 것이 옳다. 오직 다른 사람의 시에 화답할 경우에 만약 험한 운자가 있으면 먼저 운자를 안전하게 두는 문제를 생각한 뒤에 뜻을 안배해야 한다. 시구에 대를 맞추기가 어려워 오래도록 깊이 생각해도 쉽게 적당한 대구를 얻을 수 없다면 그 시구를 아까워하지 말고 버려야 한다. 바야흐로 시를 구상할 때 지나치게 깊이 생각하다 보면 거기에 빠지게 되고, 빠지게 되면 매이게 되고, 매이게 되면 미혹되고, 미혹되면 집착하게 되어 다른 생각을 할 수 없게 된다. 오직 출입 왕래함에 있어 변화가 자유자재로워야만 원숙한 경지에 이를 수 있게 된다. 혹 뒤의 시구로 앞의 시구가 지닌 결점을 구제할 수도 있고, 한 글자로 한 구의 안정을 돕는 경우도 있으니, 이것은 시를 쓰는 사람으로서 깊이 생각해야 할 문제이다.[251]

---

251) 이 내용은 「논 시중미지 약언(論詩中微旨略言)」(『동국이상국집』 권22)의 첫 단락을 옮겨 실은 것임.

27. 純用淸苦爲體, 山人之格也. 全以姸麗裝篇. 宮掖之格也. 唯能雜用淸警雄豪姸麗平淡. 然後體格備, 而人不能以一體名之也.

순전히 청고(淸苦)252)한 것으로 시체(詩體)253)를 삼으면 산인의 격(格)254)이요, 오로지 예쁘고 아름답게 시편을 꾸미는 것은 궁액의 격255)이다. 오직 맑고 기경[淸警]하며, 웅장하고 호탕하며[雄豪], 예쁘고 아름다우며[姸麗], 평이하고 담담한 것[平淡]을 섞어서 쓸 수 있게 된 뒤에라야 체와 격이 갖추어져서 남이 한 가지 체로 부르지 못한다.256)

---

252) 청고(淸苦) : 시평(詩評)에 쓰이는 풍격 용어 가운데 하나로 시문이 맑고 고결하여 한고(寒苦)함을 이르는 말로, 염려(艶麗)한 시풍과는 상대되는 개념임. 중국 북송 때의 학자인 범중엄(范仲淹, 989~1052)의 「당이시서(唐異詩序)」에 '詩家者流, 厥情非一, 失志之人, 其詩苦, 得意之人, 其辭逸. ······ 如孟東野之淸苦, 薛許昌之英逸.'이라고 하였는데, 이는 중당 시대의 시인인 맹교(孟郊, 751~814, 자 동야東野)가 46세가 되어서야 겨우 진사(進士)시험에 합격하여 지방의 하찮은 관료로 지냈고, 또한 가정적으로도 불우하여 자신이 가졌던 역량과 포부를 펼쳐보지 못하고 빈곤 속에서 죽었으므로 그의 시풍이 자연스럽게 청고함을 드러냈다는 것을 말하고 있음.
253) 시체(詩體) : 시의 형식과 율격(律格)을 말함.
254) 산인(山人)의 격(格) : 산인은 세상을 등지고 산속에 들어가 살던 사람이나 산속에 사는 중이나 도사를 이르는 말임. 또는 문인들이 자기의 별호 밑에 붙여 겸손의 뜻을 나타내는 말을 이르던 말이기도 함. 산인의 격은 산인체를 가리키는 것으로 소박하면서도 담박한 시풍의 시체(詩體)를 뜻함.
255) 궁액(宮掖)의 격 : '궁'은 왕궁을, '액'은 액정(掖庭)으로 대궐 안에 비빈(妃嬪)들이 거처하는 곳을 이름. 궁액의 체는 궁정의 일상사를 묘사하는 것처럼 화려하면서도 풍부한 시풍의 시체를 가리킴. 궁사체(宮詞體)가 그 대표적인 예라고 할 수 있음.
256) 이 조목도 「논시중미지약언(論詩中微旨略言)」의 중간 부분을 인용한 것임.

28. 人有言詩病者, 在所可喜. 所言可則從之, 否則在吾意耳, 何必惡聞, 如人君拒諫, 終不知其過耶. 凡詩成, 反覆視之, 略不以 己之所著觀之, 如見他人及平生深嫉者之詩, 好覓其疵失. 猶不知 之, 然後行之.

시의 병통257)을 말해 주는 사람이 있다는 것은 기뻐할 만한 일이다. 그러나 그의 말이 옳으면 따를 것이고, 그렇지 않다면 내 생각대로 할 뿐이다. 어찌 시의 병통을 깨우쳐 주는 말을 듣기 싫어하기를 마치 임금이 충신이 간하는 말을 거절하는 것과 같이 하여 끝내 그 허물을 모른 채 할 수 있겠는가?

시가 완성되면 이리저리 자세하게 살펴보되 자기가 지은 작품으로 보지 말고 마치 다른 사람이나 또는 평생 미워하며 원수처럼 지낸 사람의 시를 보듯 하여 하자(瑕疵)를 아무리 찾아도 하자가 보이지 않게 되면 그때야 시를 세상에 내놓아야 한다.258)

---

257) 시의 병통[詩病]: 이규보는 '아홉 가지의 마땅하지 않은 체[九不宜體]'라고 하여 시의 병폐를 아홉 가지로 설정하고 있으나 중국에서는 심약(沈約)의 시팔병설(詩八病說)이 유명함. 팔병은 시를 지을 때에 성률에 있어 기피하여야 하는 여덟 가지 병폐로, 평두(平頭)·상미(上尾)·봉요(蜂腰)·학슬(鶴膝)·대운(大韻)·소운(小韻)·방뉴(傍紐)·정뉴(正紐) 등임.(『심씨사성고(沈氏四聲考)』 하두)
258) 이 조목도 「논시중미지약언(論詩中微旨略言)」의 중간 부분을 인용한 것임.

29. 凡效古人之體者. 必先習讀其詩, 然後效而能至也. 否則剽掠猶難. 譬之盜者. 先窺覘富人之家, 習熟其門戶墻籬, 然後善入其室, 奪人所有, 爲己之有, 而使人不知也. 不爾, 夫及探囊胠篋, 必見捕捉矣, 財可奪乎. 僕自少放浪無檢, 讀書不甚精, 雖六經子史之文, 涉獵而已, 不至窮源, 況諸家章句之文哉. 旣不熟其文, 其可效其體, 盜其語乎, 是新語所不得已而作也.

무릇 옛사람의 체를 본받고자 하는 자는 반드시 먼저 그 옛 사람의 시를 익숙할 정도로 열심히 읽은 뒤에 본받으면 충분히 따라갈 수 있을 것이다. 그런 과정을 거치지 않으면 표절(剽竊)하기도 오히려 어렵다. 이를 도둑질에 비유하면 도둑이 먼저 부잣집을 자세하게 엿보아 그 집 대문이나 담장을 익숙하게 살핀 뒤에야, 그 집에 쉽게 들어가 남의 물건을 훔쳐 자기 것으로 만들어도 남들이 눈치 채지 못하게 하는 것과 같다. 그렇지 않으면 돈 주머니를 더듬고 보물 상자를 열 때에 반드시 잡히게 될 것이니, 그렇게 서툴다면 남의 재물인들 빼앗을 수 있겠는가. 나는 젊어서부터 몸을 함부로 굴러 단속할 줄 몰랐고 글도 정밀하게 읽지 않아서 비록 육경(六經)·자사(子史) 같은 글도 두루 섭렵(涉獵)만 하였을 뿐 그 근원을 깊이 따져보지 못하였는데, 더구나 제가(諸家)의 장구(章句)같은 글에 있어서는 말해 무엇 하겠는가. 그러니 그 글에 익숙하지 못하면서 그 체(體)를 본뜨고 그 어구를 도둑질할 수 있겠는가. 그러므로 어쩔 수 없이 새로운 말을 만들게 된 것이다.[259]

---

[259] 이 조목은 「답 전리지 논문서(答全履之論文書)」(『동국이상국집』 권26)의 끝 부분을 인용한 것임.

30. 詩話載李山甫「覽漢史」詩, 日 王莽弄來曾半沒, 曹公將去便平沈. 余意謂此佳句也. 有高英秀者譏之, 日 是破舡詩也. 余意, 凡詩言物之體, 有不言其體而直言其用者. 山甫之寓意, 殆必以漢爲之舡, 而直言其用, 日 半沒平沈. 若其時而山甫在而言, 日 汝以吾詩爲破舡詩, 然也. 子以漢擬之舡而言之也, 而善乎子之能知也, 則爲英秀者, 其何辭以答之耶. 詩話亦以英秀爲惡喙薄徒, 則未必用其言也.

시화260)에 이산보(李山甫)261)의 「남 한사시(覽漢史詩)」262)가 실려 있는데, 이러하다.

왕망이 희롱하여263) 일찍이 반쯤 가라앉았더니,

---

260) 시화(詩話) : 여기서는 송나라 때 채조(蔡條)가 편찬한 『서청시화(西淸詩話)』를 가리킴. 이산보(李山甫)의 시에 대해서 고영수(高英秀)가 혹평한 이 내용은 『시화총귀(詩話總龜)』, 『어은총화(漁隱叢話)』, 『오대시화(五代詩話)』 등 중국의 여러 시화집에 수록되어 있는데 모두 『서청시화』를 출전으로 하고 있음. 『서청시화』는 본래 3권이었으나 그 중 한 권 분량만이 현전하고 있고, 『금옥시화(金玉詩話)』라고도 함.

261) 이산보(李山甫) : 중국 당나라 함통(咸通) 연간[860~873]의 시인으로 여러 번 과거에 응시하였으나 합격하지 못하고 위박막부(魏博幕府)에 종사하였음. 문필이 웅건하여 당대에 이름이 났으며 『시집』 1권이 『전당시(全唐詩)』에 실려 전하고 있음.

262) 「남 한사시(覽漢史詩)」: 『전당시』에는 칠언율시 「독 한사(讀漢史)」라는 제목으로 실려 있는데, 시의 전문을 소개하면, '四百年間反覆尋, 漢家興替好沾襟. 每逢姦詐須掩手, 眞遇英雄始醒心. 王莽弄來曾半破, 曹公將去便平沈. 當時虛受君恩者, 謾向靑編作鬼林.'

263) 왕망(王莽)이 희롱하여 : 왕망은 중국 전한(前漢, 서한西漢)의 마지막 황제였던 평제(平帝)를 독살하고 섭정을 하는 등 그 위세가 극에 달했고 결국 그로

조공이 나라를 가져가니²⁶⁴⁾ 완전히 침몰하였네.

王莽弄來曾半沒,
曹公將去便平沈

나는 이 시구를 아름답다고 생각한다. 그런데 고영수(高英秀)²⁶⁵⁾라는 사람이 그 시구를 희롱하기를, "이것은 파강시(破舡詩)로다."고 하였다.²⁶⁶⁾ 내 생각에는 무릇 시라는 것은 사물의 체(體)를 말하

인해 전한이 멸망됐음. 왕망이 전한을 무너뜨리고 국호를 신(新)이라 하고 황제의 자리에 올랐으나 건국된 지 15년 만에 유방의 후손 유수(劉秀)에 의해 멸망당했음.

264) 조공(曹公)이 나라를 가져가니 : 조조(曹操)는 동탁(董卓)에 이어 후한의 마지막 황제인 헌제(獻帝)의 권력을 빼앗아 천단하였음. 그 스스로는 제위에 오르지 않고 위왕(魏王)에 머물렀으나 아들 조비(曹丕)가 헌제로부터 양위를 받아 위나라의 초대 황제가 되고 한나라는 결국 멸망하였음.

265) 고영수(高英秀) : 중국 북송 시대 사람으로 학승이었던 찬녕(贊寧, 919~1002)과 시우(詩友)를 맺어 교류하였음. 언변이 뛰어나 자신의 눈에 거슬리는 것이 있으면 반드시 폄하하는 말을 하였으므로 후대 사람들이 '악담을 좋아하는 경박한 무리[惡啄薄徒]'라 일컬었음.

266) 고영수라는 …… 고 하였다. : 『시인옥설(詩人玉屑)』 권11 시병(詩病)에서 고영수가 이산보는 물론이고 이군옥(李羣玉, 813~860), 나은(羅隱), 두순학(杜荀鶴, 846~904) 등 만당(晚唐) 시대의 이름났던 세 시인의 시구를 폄하했던 사실을 소개하고 있음. 이군옥이 자고새를 읊은 "方穿詰曲崎嶇路, 又聽鉤輈格磔聲"에 대해서는 '불교시[梵語詩]'라고 하였고, 나은의 "雲中鷄犬劉安過, 月裏笙歌煬帝歸"에 대해서는 '귀신의 시[鬼詩]'라 하였으며, 두순학의 "今日偶題題似着, 不知題後更誰題"에 대해서는 '점치는 사람의 시[衛子詩]'라고 평가하였음. '李義山, 覽漢史云 王莽弄來曾半破, 曹公將去便平沈. 定是破船詩. 李群玉詠鷓鴣云, 方穿詰曲崎嶇路, 又聽鉤輈格磔聲. 定是梵語詩. 羅隱云, 雲中鷄犬劉安過, 月裏笙歌煬帝歸. 定是鬼詩. 杜荀鶴云, 今日偶題題似着, 不知題後更誰題. 此術子詩也. 不然, 安有四蹄, 贊寧笑謝而已.'

는 것인데, 그 체를 말하지 않고 곧바로 그 용(用)을 말하는 경우도 있다. 이산보가 나타내고자 한 뜻은, 아마 한나라를 배로 비유하고, 그 용을 곧바로 '반쯤 가라앉다[半沒]'과 '완전히 가라앉다[平沈]'이라 말하려는 것이었으리라. 만약 그때 이산보가 그 자리에 있어 말하기를,

그대가 내 시를 파선시라 한 것은 옳은 말이다. 내가 한나라를 배에 비유하여 말하였는데 그대가 잘 알아냈구먼.

이라고 했다면 고영수는 뭐라 대답 했겠는가? 『시화』에서도 고영수를 악담을 일삼는 경박한 무리라고 생각했다면 그의 말은 쓰지 않았을 것이다.267)

---

267) 본 조목은 『동국이상국집』 권11에 실려 있는 「이산보 시의(李山甫詩議)」를 전재한 것으로 서로 간에 글자의 출입이 있음. 『동문선』 권106에도 같은 제목으로 실려 있음.

31. 古人曰, 天下不如意事, 十常八九, 人生處斯世, 能愜意者 幾何. 余嘗有違心詩十二句, 其詩, 曰 人間細事亦參差, 動輒違心 莫適宜. 盛歲家貧妻尙侮, 殘年祿厚妓常隨. 雨霪多是出遊日, 天 霽皆吾閑坐時. 腹飽輒飡逢美肉, 喉瘡忌飮遇深巵. 儲珍賤售市高 價, 宿疾方痊隣有醫. 碎小不諧猶類此, 揚州駕鶴況堪期. 大抵萬 事之違於心者, 類如是. 小而一身之榮悴苦樂, 大而家國之安危治 亂, 莫不違心. 拙詩雖擧其小, 其意實在於喻大也. 世傳四快詩, 曰 大旱逢嘉雨, 他鄕見故人. 洞房花燭夜, 金榜掛名辰. 旱餘雖逢雨, 雨後又旱, 他鄕見友, 旋又作別, 洞房花燭, 安保其不生離, 金榜掛 名, 安知非憂患始也, 此所以違心多而愜心小也, 可歎也已.

옛 사람이 말하기를,

    천하에 뜻대로 되지 않는 일이 십중팔구에 지나지 않는다.[268]

라고 하였으니, 인생이 이 세상을 살아감에 있어 뜻대로 되는 일이 얼마나 되겠는가? 나는 일찍이 열두 구의 위심시(違心詩)를 지었는데, 그 시에 이르기를,

    인간의 자잘한 일들 또한 고르지 않아,

---

268) 천하에 뜻대로 되지 않는 일이 십중팔구다.[天下不如意事, 十常八九] : 이 말은 송나라 역사가인 사마광(司馬光, 1019~1086)이 1362년간의 중국역사를 편찬한 편년체 역사서인 『자치통감(資治痛鑑)』(모두 294권) 권80에 나오는 내용을 그대로 인용한 것임.

걸핏하면 마음과 어긋나 여의치 않네.
젊을 때 가난하여 아내도 업신여겼지만,
늙어 녹봉이 두둑하니 기생이 늘 따르네.
밖에 나가 노는 날에 비 올 때 많고,
한가히 앉아 있을 때는 모두 갠 날이라.
배불러 숟가락 놓으니 맛좋은 고기 만나고,
목구멍 아파 술 금하니 좋은 술을 만나네.
감췄던 보물 싸게 팔고 나니 값 오르고,
오래 된 병 낫고 나니 이웃에 의원이 있네.
자잘한 일들이 험난함도 이 같은데,
양주에서 학 타는 일269) 더구나 바랄쏘냐.270)

人間細事亦參差,
動輒違心莫適宜.
盛歲家貧妻尙侮,
殘年祿厚妓常隨.
雨霪多是出遊日,

---

269) 양주에서 학 타는 일[揚州駕鶴] : 양주학(揚州鶴)으로, 모든 욕망을 한꺼번에 다 누리고 싶은 인간의 욕망을 일컫는 말. 손님들이 모여서 모두 가장 하고 싶은 일을 얘기하는 자리에서 어떤 사람은 양주자사가 되고 싶다고 했고, 또 어떤 사람은 쓰고 남을 정도로 많은 돈을 갖고 싶다고 했으며, 또 한 사람은 학을 타고 신선이 되어 하늘로 올라가기를 원했음. 이때 한 사람이 가만히 있다가 자신은 허리에 돈 십만 냥을 차고 학을 타고 양주자사로 부임하고 싶다고 하여 인간의 가없는 욕심을 토로한 고사에서 나온 말임.(『연감류함(淵鑑類函)』조鳥 학鶴)
270) 이 시는『동국이상국후집』권1에 실려 있는「위심시 희작(違心詩戲作)」을 전재한 것으로 문집에는 오직 이 시만 실려 있고 다른 얘기는 없음.

天禱皆吾閑坐時.
腹飽輒飡逢美肉,
喉瘡忌飮遇深巵.
儲珍賤售市高價,
宿疾方痊隣有醫.
碎山不諧猶類此,
揚州駕鶴況堪期.

　대저 세상만사가 마음과 어긋나는 것이 이와 같다. 작게는 내 자신이 겪은 영화와 몰락, 고달픔과 즐거움은 물론이고 크게는 국가의 안위(安危)·치란(治亂)에 이르기까지 마음과 어긋나지 않는 게 없다. 나의 하찮은 이 시에서는 비록 작은 것을 예를 들었으나 실제로는 큰 것을 비유하려고 하였다. 세상에서 전하는 사쾌시(四快詩)271)는 이러하다.

---

271) 사쾌시(四快詩) : 이 시는 중국 남송시대 학자 홍매(洪邁, 1123~1202 자는 경려景廬, 호는 용재容齋)가 저술한 독서필기(讀書筆記)인 『용재수필齋容隨筆』의 '득의실의시(得意失意詩)'에도 소개되고 있음. '오래 전부터 사구 형식의 시가 전하는데, 세상 사람들의 득의(得意)한 것을 읊은 시에 이르기를, 〈큰 가뭄에 반가운 비 만나는 것이요, 타향에서 친구를 만나는 일이라. 통방에 화촉을 밝히는 밤이요, 금방에 이름이 걸린 때로다.〉라고 했다. 호사가들이 이 시에 이어서 실의(失意)한 것을 4구 형식의 시를 지어 이르기를, 〈홀로 된 어미가 아이를 데리고 목 놓아 우는 것이요, 장군이 전쟁터에서 적군에게 사로잡히는 일이라. 임금의 사랑을 잃은 궁녀의 힘없는 얼굴이요, 과거에서 낙제한 낙방생의 마음이로다.〉라고 했는데, 이 두 수의 시는 즐거움과 슬픔의 극단적인 정황을 나타낸 것이다.'(舊傳有詩四句, 誦世人得意者云. 久旱逢甘雨. 他鄕見故知. 洞房花燭夜. 金榜掛名時. 好事者續以失意四句曰. 寡婦攜兒泣. 將軍被敵擒. 失恩宮女面. 下第擧人心. 此二詩可喜可悲之狀極矣.)

큰 가뭄에 반가운 비 만나는 것이요,
타향에서 친구를 만나는 일이라.
통방에 화촉272)을 밝히는 밤이요,
금방273)에 이름이 걸린 때로다.

大旱逢嘉雨,
他鄕見故人.
洞房花燭夜,
金榜掛名辰.

  가뭄 끝에 비록 비를 만난다 하더라도 비 그친 뒤에는 또 가뭄이 올 것이고, 타향에서 친구를 만나더라도 돌아서면 또 작별할 것이고, 통방에 화촉을 밝힐지라도 어찌 생이별하지 않을 것이라 보장할 것이며, 금방(金榜)에 이름 걸리는 것이 어찌 우환의 시초가 아니라고 하겠는가? 이는 바로 마음에 어긋나는 게 많지만 마음에 맞는 것은 적다는 것이니, 탄식스러울 따름이다.

---

272) 통방(洞) : 확 트인 방으로 여인들이 거처하는 넓은 침실을 이름. 여기서는 혼례를 치른 첫날밤의 화촉동방(花燭洞房)에서 느끼는 설레임과 행복의 감회를 말하고 있음. '我何心貪著美酒肥羊, 閃(悶)殺人花燭洞房, 愁殺我掛名金榜.'(『비파기(琵琶記)』)·환저우사宦邸憂思)

273) 금방(金榜) : 과거에 급제한 사람의 이름을 써서 게시하는 방을 이름. 또는 과거에 급제함을 뜻하는 말로도 쓰임. 당나라 시인 유우석(劉禹錫, 772~842)의 시 「송 배처사 응제거시(送裵處士應制擧詩)」에 '彤庭翠宋迎曉日, 鳳銜金榜雲間出'

찾아보기

ㄱ

강인종기체(强人從己體) 120
개보(介甫) 80
격률(格律) 112
격문(檄文) 28
경주(涇州) 39
경책(警策) 83
『계원필경집(桂苑筆耕集)』 30
고고(高古) 22
고·기(皐夔) 64
고변(高騈) 31
고시관(考試官) 42
고운(孤雲) 27, 100
고운(顧雲) 33, 38
골경(骨鯁) 81
공공(空空) 스님 85
광객(狂客) 55
구산사(龜山寺) 40
구양백호(歐陽伯虎) 58, 85
구양수(歐陽脩) 78
궁액(宮掖)의 격 123
금방(金榜) 132

김극기(金克己) 106
김부식(金富軾) 44

ㄴ

낭유만전체(莨莠滿田體) 120
능범존귀체(凌犯尊貴體) 120

ㄷ

『당서(唐書)』 30
『당시유기(唐詩類記)』 21
『당음유향(唐音遺響)』 27
대갱(大羹) 66
도연명(陶淵明) 74, 110
도잠(陶潛) 84
동년(同年) 56

ㅁ

만노불승체(挽弩不勝體) 119
만당(晚唐) 29
매성유(梅聖俞) 81
무하유(無何有) 75
무협중봉(巫峽重峯) 34

문헌(文獻) 17

ㅂ

박인량(朴寅亮) 40
박인범(朴仁範) 39
반·마(班馬) 64
백락천(白樂天) 69, 72
백운거사(白雲居士) 74
『백운어록(白雲語錄)』 74
「번진호용열전(藩鎭虎勇列傳)」 35
법계(法階) 89
보운(步韻) 63
보현사(普賢寺) 90
복양(濮陽) 48
비파행(琵琶行) 27

ㅅ

사령운(謝靈運) 81
사륙(四六) 30
사운시(四韻詩) 57
사주(泗州) 40
사쾌시(四快詩) 131
산인의 격(格) 123
산인체(山人體) 90
삼신산(三神山) 110
삼황오제(三皇五帝) 24
『서경(書經)』 60
서백사(西伯寺) 96

서응(徐凝) 83
『서청시화(西淸詩話)』 77
설갱도맹체(設坑導盲體) 120
소동파(蘇東坡) 83
송월화상(松月和尙) 92
승과(僧科) 89
『시강(時康)』 23
『시경(詩經)』 60
시당(始唐) 22
시벽(詩癖) 68
시병(詩病) 124
시체(詩體) 123
심전기(沈佺期) 34

ㅇ

연려(姸麗) 123
염(簾) 65
염연(恬然) 84
오덕전(吳德全) 53
오세재(吳世才) 48
옥당(玉堂) 61
옥촉(玉燭) 24
완적(阮籍) 53
왕문공(王文公) 77
『요산당외기(堯山堂外記)』 18
용삭사(龍朔寺) 39
우강(禺强) 110
우시(雨施) 23

운문사(雲門寺)　90
웅호(雄豪)　123
웅혼(雄渾)　22
원기(元氣)　75
유경벽전(幽經僻典)　60, 80
유병(柳井)　34
유선가(儒仙歌)　33
「유수장우중문(遺隋將于仲文)」　19
육경(六經)　60
윤주(潤州)　38
윤학록(尹學錄)　63
은하열수(銀河列宿)　34
을지문덕(乙支文德)　18
음주과량체(飮酒過量體)　120
이기정(李正己)　35
이담지(李湛之)　107
이빈(李頻)　34
이산보(李山甫)　126
이인로(李仁老)　106
이청경(李淸卿)　53

ㅈ

자해(自解)　72
자화사(慈和寺)　38
재귀영거체(載鬼盈車體)　119
정지상(鄭知常)　44
제고(帝誥)　62
제자백가(諸子百家)　60

졸도이금체(拙盜易擒體)　119
주필(走筆)　96
지당생춘초(池塘生春草)　82
진덕여왕(眞德女王)　21

ㅊ

찬(贊)　75
창바위[戟巖]　48
창화(唱和)　56
천문(天文)　19
천엽유화(千葉榴花)　106
청경(淸警)　123
청고(淸苦)　123
초사(楚辭)　80
촌부회담체(村夫會談體)　120
최원한(崔元翰)　34
최치원(崔致遠)　27, 100
취옹(醉翁)　87
칠요(七曜)　24
칠현(七賢)　52

ㅌ

태평시(太平詩)　21
토각(兎角)　85
통제사(通濟寺)　56

ㅍ

평담(平淡)　123

평측(平仄)　65
폭포(瀑布)　83

ㅎ

함순(咸淳)　107
함장(含章)　23
현주(玄酒)　66
혜강(嵇康)　53
혜문(惠文)　89
화쟁(和靜)　84
황소(黃巢)　28, 32
『후집(後集)』　69
흑치상지(黑齒常之)　35

박성규 朴性奎

경남 고성(固城)에서 출생

고려대학교에서 수학하여 학사·석사·박사학위를 수여.
계명대학교 사범대 한문교육과 부교수를 거쳐 고려대학교
문과대학 한문학과에서 교수로 재직 중 고대신문사 주간,
한자한문연구소장, 동아시아 인문사회연구원장, 문과대 학장
등을 역임하고 지금은 고려대학교 명예교수로 있음.

35년간 한문학 연구에 종사하면서 한국한문교육학회장,
한국한문학회장, 민족어문학회장을 역임하였음.

연구분야는 고려조 한문학으로
『이규보연구』, 『고려후기 사대부문학 연구』, 중·고등학교
『한문』교과서 등 15권의 저서와 『동인시화』, 『보한집』,
『삼국유사』등의 번역서와 60여 편의 논문이 있음.

고려시화총서 2
역주 백운소설

2012년 11월 23일 초판 1쇄 펴냄

저 자 이규보
역 자 박성규
발행인 김흥국
발행처 도서출판 보고사

등록 1990년 12월 13일 제6-0429호
주소 서울특별시 성북구 보문동7가 11번지 2층
전화 922-5120~1(편집), 922-2246(영업)
팩스 922-6990
메일 kanapub3@chol.com
http://www.bogosabooks.co.kr

ISBN 978-89-8433-364-2 94810
　　　978-89-8433-478-6 (세트)

ⓒ박성규, 2012

정가 12,000원
사전 동의 없는 무단 전재 및 복제를 금합니다.
잘못 만들어진 책은 바꾸어 드립니다.